SPAANS

WOORDENSCHAT

THEMATISCHE WOORDENLIJST

NEDERLANDS
SPAANS

De meest bruikbare woorden
Om uw woordenschat uit te breiden en
uw taalvaardigheid aan te scherpen

7000 woorden

Thematische woordenschat Nederlands-Spaans - 7000 woorden

Door Andrey Taranov

Woordenlijsten van T&P Books zijn bedoeld om u woorden van een vreemde taal te helpen leren, onthouden, en bestudering. Dit woordenboek is ingedeeld in thema's en behandelt alle belangrijk terreinen van het dagelijkse leven, bedrijven, wetenschap, cultuur, etc.

Het proces van het leren van woorden met behulp van de op thema's gebaseerde aanpak van T&P Books biedt u de volgende voordelen:

- Correct gegroepeerde informatie is bepalend voor succes bij opeenvolgende stadia van het leren van woorden
- De beschikbaarheid van woorden die van dezelfde stam zijn maakt het mogelijk om woordgroepen te onthouden (in plaats van losse woorden)
- Kleine groepen van woorden faciliteren het proces van het aanmaken van associatieve verbindingen, die nodig zijn bij het consolideren van de woordenschat
- Het niveau van talenkennis kan worden ingeschat door het aantal geleerde woorden

T&P Books Publishing
www.tpbooks.com

ISBN: 978-1-78492-308-2

Dit boek is ook beschikbaar in e-boek formaat.
Gelieve www.tpbooks.com te bezoeken of de belangrijkste online boekwinkels.

SPAANSE WOORDENSCHAT
nieuwe woorden leren

T&P Books woordenlijsten zijn bedoeld om u te helpen vreemde woorden te leren, te onthouden, en te bestuderen. De woordenschat bevat meer dan 7000 veel gebruikte woorden die thematisch geordend zijn.

- De woordenlijst bevat de meest gebruikte woorden
- Aanbevolen als aanvulling bij welke taalcursus dan ook
- Voldoet aan de behoeften van de beginnende en gevorderde student in vreemde talen
- Geschikt voor dagelijks gebruik, bestudering en zelftestactiviteiten
- Maakt het mogelijk om uw woordenschat te evalueren

Bijzondere kenmerken van de woordenschat

- De woorden zijn gerangschikt naar hun betekenis, niet volgens alfabet
- De woorden worden weergegeven in drie kolommen om bestudering en zelftesten te vergemakkelijken
- Woorden in groepen worden verdeeld in kleine blokken om het leerproces te vergemakkelijken
- De woordenschat biedt een handige en eenvoudige beschrijving van elk buitenlands woord

De woordenschat bevat 198 onderwerpen zoals:

Basisconcepten, getallen, kleuren, maanden, seizoenen, meeteenheden, kleding en accessoires, eten & voeding, restaurant, familieleden, verwanten, karakter, gevoelens, emoties, ziekten, stad, dorp, bezienswaardigheden, winkelen, geld, huis, thuis, kantoor, werken op kantoor, import & export, marketing, werk zoeken, sport, onderwijs, computer, internet, gereedschap, natuur, landen, nationaliteiten en meer …

INHOUDSOPGAVE

UITSPRAAKGIDS

T&P fonetisch alfabet	Spaans voorbeeld	Nederlands voorbeeld
[a]	grado	acht
[e]	mermelada	delen, spreken
[i]	física	bidden, tint
[o]	tomo	overeenkomst
[u]	cubierta	hoed, doe
[b]	baño, volar	hebben
[β]	abeja	wang
[d]	dicho	Dank u, honderd
[ð]	tirada	Stemhebbende dentaal, Engels - there
[f]	flauta	feestdag, informeren
[dʒ]	azerbaidzhano	jeans, jungle
[g]	gorro	goal, tango
[ɣ]	negro	liegen, gaan
[j]	botella	New York, januari
[k]	tabaco	kennen, kleur
[l]	arqueólogo	delen, luchter
[ʎ]	novela	biljart
[m]	mosaico	morgen, etmaal
[m̩]	confitura	nasale [m]
[n]	camino	nemen, zonder
[ŋ]	blanco	optelling, jongeman
[p]	zapatero	parallel, koper
[r]	sabroso	roepen, breken
[s]	asesor	spreken, kosten
[θ]	lápiz	Stemloze dentaal, Engels - thank you
[t]	estatua	tomaat, taart
[ʧ]	lechuza	Tsjechië, cello
[v]	Kiev	beloven, schrijven
[x]	dirigir	licht, school
[z]	esgrima	zeven, zesde
[ʃ]	sheriff	shampoo, machine
[w]	whisky	twee, willen
[']	[re'loχ]	hoofdklemtoon
[·]	[aβre·'ʎatas]	hoge punt

AFKORTINGEN
gebruikt in de woordenschat

Nederlandse afkortingen

abn	-	als bijvoeglijk naamwoord
bijv.	-	bijvoorbeeld
bn	-	bijvoeglijk naamwoord
bw	-	bijwoord
enk.	-	enkelvoud
enz.	-	enzovoort
form.	-	formele taal
inform.	-	informele taal
mann.	-	mannelijk
mil.	-	militair
mv.	-	meervoud
on.ww.	-	onovergankelijk werkwoord
ontelb.	-	ontelbaar
ov.	-	over
ov.ww.	-	overgankelijk werkwoord
telb.	-	telbaar
vn	-	voornaamwoord
vrouw.	-	vrouwelijk
vw	-	voegwoord
vz	-	voorzetsel
wisk.	-	wiskunde
ww	-	werkwoord

Nederlandse artikelen

de	-	gemeenschappelijk geslacht
de/het	-	gemeenschappelijk geslacht, onzijdig
het	-	onzijdig

Spaans afkortingen

adj	-	bijvoeglijk naamwoord
adv	-	bijwoord
f	-	vrouwelijk zelfstandig naamwoord
f pl	-	vrouwelijk meervoud
fam.	-	informele taal

m	-	mannelijk zelfstandig naamwoord
m pl	-	mannelijk meervoud
m, f	-	mannelijk, vrouwelijk
n	-	onzijdig
pl	-	meervoud
v aux	-	hulp werkwoord
vi	-	onovergankelijk werkwoord
vi, vt	-	onovergankelijk, overgankelijk werkwoord
vr	-	reflexief werkwoord
vt	-	overgankelijk werkwoord

BASISBEGRIPPEN

Basisbegrippen Deel 1

1. Voornaamwoorden

ik	yo	[jo]
jij, je	tú	[tu]
hij	él	[eʎ]
zij, ze	ella	['eja]
wij, we (mann.)	nosotros	[no'sotros]
wij, we (vrouw.)	nosotras	[no'sotras]
jullie (mann.)	vosotros	[bo'sotros]
jullie (vrouw.)	vosotras	[bo'sotras]
U (form., enk.)	Usted	[us'teð]
U (form., mv.)	Ustedes	[us'teðes]
zij, ze (mann.)	ellos	['ejos]
zij, ze (vrouw.)	ellas	['ejas]

2. Begroetingen. Begroetingen. Afscheid

Hallo! Dag!	¡Hola!	['olʲa]
Hallo!	¡Hola!	['olʲa]
Goedemorgen!	¡Buenos días!	['buenos 'dias]
Goedemiddag!	¡Buenas tardes!	['buenas 'tarðes]
Goedenavond!	¡Buenas noches!	['buenas 'notʃes]
gedag zeggen (groeten)	decir hola	[de'θir 'olʲa]
Hoi!	¡Hola!	['olʲa]
groeten (het)	saludo (m)	[sa'lʲuðo]
verwelkomen (ww)	saludar (vt)	[salʲu'ðar]
Hoe gaat het?	¿Cómo estás?	['komo es'tas]
Is er nog nieuws?	¿Qué hay de nuevo?	[ke aj de nu'eβo]
Tot snel! Tot ziens!	¡Hasta pronto!	['asta 'pronto]
Vaarwel!	¡Adiós!	[a'ðjos]
afscheid nemen (ww)	despedirse (vr)	[despe'ðirse]
Tot kijk!	¡Hasta luego!	['asta lʲu'ego]
Dank u!	¡Gracias!	['graθias]
Dank u wel!	¡Muchas gracias!	['mutʃas 'graθias]
Graag gedaan	De nada	[de 'naða]
Geen dank!	No hay de qué	[no aj de 'ke]
Geen moeite.	De nada	[de 'naða]
Excuseer me, ... (inform.)	¡Disculpa!	[dis'kulʲpa]

| Excuseer me, ... (form.) | ¡Disculpe! | [dis'kulʲpe] |
| excuseren (verontschuldigen) | disculpar (vt) | [diskulʲ'par] |

zich verontschuldigen	disculparse (vr)	[diskulʲ'parse]
Mijn excuses.	Mis disculpas	[mis dis'kulʲpas]
Het spijt me!	¡Perdóneme!	[per'ðoneme]
vergeven (ww)	perdonar (vt)	[perðo'nar]
Maakt niet uit!	¡No pasa nada!	[no 'pasa 'naða]
alsjeblieft	por favor	[por fa'βor]

Vergeet het niet!	¡No se le olvide!	[no se le olʲ'βiðe]
Natuurlijk!	¡Ciertamente!	[θjerta'mento]
Natuurlijk niet!	¡Claro que no!	['klʲaro ke 'no]
Akkoord!	¡De acuerdo!	[de aku'erðo]
Zo is het genoeg!	¡Basta!	['basta]

3. Kardinale getallen. Deel 1

nul	cero	['θero]
een	uno	['uno]
twee	dos	[dos]
drie	tres	[tres]
vier	cuatro	[ku'atro]

vijf	cinco	['θiŋko]
zes	seis	['sejs]
zeven	siete	['sjete]
acht	ocho	['oʧo]
negen	nueve	[nu'eβe]

tien	diez	[djeθ]
elf	once	['onθe]
twaalf	doce	['doθe]
dertien	trece	['treθe]
veertien	catorce	[ka'torθe]

vijftien	quince	['kinθe]
zestien	dieciséis	['djeθi·'sejs]
zeventien	diecisiete	['djeθi·'sjete]
achttien	dieciocho	['djeθi·'oʧo]
negentien	diecinueve	['djeθi·nu'eβe]

twintig	veinte	['bejnte]
eenentwintig	veintiuno	['bejnti·'uno]
tweeëntwintig	veintidós	['bejnti·'dos]
drieëntwintig	veintitrés	['bejnti·'tres]

dertig	treinta	['trejnta]
eenendertig	treinta y uno	['trejnta i 'uno]
tweeëndertig	treinta y dos	['trejnta i 'dos]
drieëndertig	treinta y tres	['trejnta i 'tres]

| veertig | cuarenta | [kua'renta] |
| eenenveertig | cuarenta y uno | [kua'renta i 'uno] |

| tweeënveertig | cuarenta y dos | [kua'renta i 'dos] |
| drieënveertig | cuarenta y tres | [kua'renta i 'tres] |

vijftig	cincuenta	[θiŋku'enta]
eenenvijftig	cincuenta y uno	[θiŋku'enta i 'uno]
tweeënvijftig	cincuenta y dos	[θiŋku'enta i 'dos]
drieënvijftig	cincuenta y tres	[θiŋku'enta i 'tres]

zestig	sesenta	[se'senta]
eenenzestig	sesenta y uno	[se'senta i 'uno]
tweeënzestig	sesenta y dos	[se'senta i 'dos]
drieënzestig	sesenta y tres	[se'senta i 'tres]

zeventig	setenta	[se'tenta]
eenenzeventig	setenta y uno	[se'tenta i 'uno]
tweeënzeventig	setenta y dos	[se'tenta i 'dos]
drieënzeventig	setenta y tres	[se'tenta i 'tres]

tachtig	ochenta	[o'ʧenta]
eenentachtig	ochenta y uno	[o'ʧenta i 'uno]
tweeëntachtig	ochenta y dos	[o'ʧenta i 'dos]
drieëntachtig	ochenta y tres	[o'ʧenta i 'tres]

negentig	noventa	[no'βenta]
eenennegentig	noventa y uno	[no'βenta i 'uno]
tweeënnegentig	noventa y dos	[no'βenta i 'dos]
drieënnegentig	noventa y tres	[no'βenta i 'tres]

4. Kardinale getallen. Deel 2

honderd	cien	[θjen]
tweehonderd	doscientos	[doθ·'θjentos]
driehonderd	trescientos	[treθ·'θjentos]
vierhonderd	cuatrocientos	[ku'atro·'θjentos]
vijfhonderd	quinientos	[ki'njentos]

zeshonderd	seiscientos	[sejs·'θjentos]
zevenhonderd	setecientos	[θete·'θjentos]
achthonderd	ochocientos	[oʧo·'θjentos]
negenhonderd	novecientos	[noβe·'θjentos]
duizend	mil	[milʲ]
tweeduizend	dos mil	[dos 'milʲ]
drieduizend	tres mil	[tres 'milʲ]
tienduizend	diez mil	[djeθ 'milʲ]
honderdduizend	cien mil	[θjen 'milʲ]
miljoen (het)	millón (m)	[mi'jon]
miljard (het)	mil millones	[milʲ mi'jones]

5. Getallen. Breuken

| breukgetal (het) | fracción (f) | [frak'θjon] |
| half | un medio | [un 'meðio] |

| een derde | un tercio | [un 'terθio] |
| kwart | un cuarto | [un ku'arto] |

een achtste	un octavo	[un ok'taβo]
een tiende	un décimo	[un 'deθimo]
twee derde	dos tercios	[dos 'terθjos]
driekwart	tres cuartos	[tres ku'artos]

6. Getallen. Eenvoudige berekeningen

aftrekking (de)	sustracción (f)	[sustrak'θjon]
aftrekken (ww)	sustraer (vt)	[sustra'er]
deling (de)	división (f)	[diβi'θjon]
delen (ww)	dividir (vt)	[diβi'ðir]

optelling (de)	adición (f)	[aði'θjon]
erbij optellen	sumar (vt)	[su'mar]
(bij elkaar voegen)		
optellen (ww)	adicionar (vt)	[aðiθjo'nar]
vermenigvuldiging (de)	multiplicación (f)	[mulʲtiplika'θjon]
vermenigvuldigen (ww)	multiplicar (vt)	[mulʲtipli'kar]

7. Getallen. Diversen

cijfer (het)	cifra (f)	['θifra]
nummer (het)	número (m)	['numero]
telwoord (het)	numeral (m)	[nume'ralʲ]
minteken (het)	menos (m)	['menos]
plusteken (het)	más (m)	[mas]
formule (de)	fórmula (f)	['formulʲa]

berekening (de)	cálculo (m)	['kalʲkulʲo]
tellen (ww)	contar (vt)	[kon'tar]
bijrekenen (ww)	calcular (vt)	[kalʲku'lʲar]
vergelijken (ww)	comparar (vt)	[kompa'rar]

Hoeveel?	¿Cuánto?	[ku'anto]
som (de), totaal (het)	suma (f)	['suma]
uitkomst (de)	resultado (m)	[resulʲ'taðo]
rest (de)	resto (m)	['resto]

enkele (bijv. ~ minuten)	algunos, algunas ...	[alʲ'gunos], [alʲ'gunas]
weinig (bw)	poco, poca	['poko], ['poka]
restant (het)	resto (m)	['resto]

| anderhalf | uno y medio | ['uno i 'meðio] |
| dozijn (het) | docena (f) | [do'θena] |

middendoor (bw)	en dos	[en 'dos]
even (bw)	en partes iguales	[en 'partes igu'ales]
helft (de)	mitad (f)	[mi'tað]
keer (de)	vez (f)	[beθ]

8. De belangrijkste werkwoorden. Deel 1

aanbevelen (ww)	recomendar (vt)	[rekomen'dar]
aandringen (ww)	insistir (vi)	[insis'tir]
aankomen (per auto, enz.)	llegar (vi)	[je'gar]
aanraken (ww)	tocar (vt)	[to'kar]
adviseren (ww)	aconsejar (vt)	[akonse'xar]
afdalen (on.ww.)	descender (vi)	[deθen'der]
afslaan (naar rechts ~)	girar (vi)	[xi'rar]
antwoorden (ww)	responder (vi, vt)	[respon'der]
bang zijn (ww)	tener miedo	[te'ner 'mjeðo]
bedreigen	amenazar (vt)	[amena'θar]
(bijv. met een pistool)		
bedriegen (ww)	engañar (vi, vt)	[enga'njar]
beëindigen (ww)	acabar, terminar (vt)	[aka'βar], [termi'nar]
beginnen (ww)	comenzar (vi, vt)	[komen'θar]
begrijpen (ww)	comprender (vt)	[kompren'der]
beheren (managen)	dirigir (vt)	[diri'xir]
beledigen	insultar (vt)	[insulʲ'tar]
(met scheldwoorden)		
beloven (ww)	prometer (vt)	[prome'ter]
bereiden (koken)	preparar (vt)	[prepa'rar]
bespreken (spreken over)	discutir (vt)	[disku'tir]
bestellen (eten ~)	pedir (vt)	[pe'ðir]
bestraffen (een stout kind ~)	punir, castigar (vt)	[pu'nir], [kasti'gar]
betalen (ww)	pagar (vi, vt)	[pa'gar]
betekenen (beduiden)	significar (vt)	[siɣnifi'kar]
betreuren (ww)	arrepentirse (vr)	[arepen'tirse]
bevallen (prettig vinden)	gustar (vi)	[gus'tar]
bevelen (mil.)	ordenar (vt)	[orðe'nar]
bevrijden (stad, enz.)	liberar (vt)	[liβe'rar]
bewaren (ww)	guardar (vt)	[guar'ðar]
bezitten (ww)	poseer (vt)	[pose'er]
bidden (praten met God)	orar (vi)	[o'rar]
binnengaan (een kamer ~)	entrar (vi)	[en'trar]
breken (ww)	quebrar (vt)	[ke'βrar]
controleren (ww)	controlar (vt)	[kontro'lʲar]
creëren (ww)	crear (vt)	[kre'ar]
deelnemen (ww)	participar (vi)	[partiθi'par]
denken (ww)	pensar (vi, vt)	[pen'sar]
doden (ww)	matar (vt)	[ma'tar]
doen (ww)	hacer (vt)	[a'θer]
dorst hebben (ww)	tener sed	[te'ner 'seð]

9. De belangrijkste werkwoorden. Deel 2

een hint geven	dar una pista	[dar 'una 'pista]
eisen (met klem vragen)	exigir (vt)	[eksi'xir]

excuseren (vergeven)	disculpar (vt)	[diskulʲ'par]
existeren (bestaan)	existir (vi)	[eksis'tir]
gaan (te voet)	ir (vi)	[ir]
gaan zitten (ww)	sentarse (vr)	[sen'tarse]
gaan zwemmen	bañarse (vr)	[ba'njarse]
geven (ww)	dar (vt)	[dar]
glimlachen (ww)	sonreír (vi)	[sonre'ir]
goed raden (ww)	adivinar (vt)	[aðiβi'nar]
grappen maken (ww)	bromear (vi)	[brome'ar]
graven (ww)	cavar (vt)	[ka'βar]
hebben (ww)	tener (vt)	[te'ner]
helpen (ww)	ayudar (vt)	[aju'ðar]
herhalen (opnieuw zeggen)	repetir (vt)	[repe'tir]
honger hebben (ww)	tener hambre	[te'ner 'ambre]
hopen (ww)	esperar (vi)	[espe'rar]
horen	oír (vt)	[o'ir]
(waarnemen met het oor)		
huilen (wenen)	llorar (vi)	[jo'rar]
huren (huis, kamer)	alquilar (vt)	[alʲki'lʲar]
informeren (informatie geven)	informar (vt)	[iɱfor'mar]
instemmen (akkoord gaan)	estar de acuerdo	[es'tar de aku'erðo]
jagen (ww)	cazar (vi, vt)	[ka'θar]
kennen (kennis hebben van iemand)	conocer (vt)	[kono'θer]
kiezen (ww)	escoger (vt)	[esko'χer]
klagen (ww)	quejarse (vr)	[ke'χarse]
kosten (ww)	costar (vt)	[kos'tar]
kunnen (ww)	poder (v aux)	[po'ðer]
lachen (ww)	reírse (vr)	[re'irse]
laten vallen (ww)	dejar caer	[de'χar ka'er]
lezen (ww)	leer (vi, vt)	[le'er]
liefhebben (ww)	querer, amar (vt)	[ke'rer], [a'mar]
lunchen (ww)	almorzar (vi)	[alʲmor'θar]
nemen (ww)	tomar (vt)	[to'mar]
nodig zijn (ww)	ser necesario	[ser neθe'sario]

10. De belangrijkste werkwoorden. Deel 3

onderschatten (ww)	subestimar (vt)	[suβesti'mar]
ondertekenen (ww)	firmar (vt)	[fir'mar]
ontbijten (ww)	desayunar (vi)	[desaju'nar]
openen (ww)	abrir (vt)	[a'βrir]
ophouden (ww)	cesar (vt)	[θe'sar]
opmerken (zien)	percibir (vt)	[perθi'βir]
opscheppen (ww)	jactarse, alabarse (vr)	[χas'tarse], [alʲa'βarse]
opschrijven (ww)	tomar nota	[to'mar 'nota]

plannen (ww)	planear (vt)	[plʲane'ar]
prefereren (verkiezen)	preferir (vt)	[prefe'rir]
proberen (trachten)	probar, tentar (vt)	[pro'βar], [ten'tar]
redden (ww)	salvar (vt)	[salʲ'βar]

rekenen op ...	contar con ...	[kon'tar kon]
rennen (ww)	correr (vi)	[ko'rer]
reserveren	reservar (vt)	[reser'βar]
(een hotelkamer ~)		
roepen (om hulp)	llamar (vt)	[ja'mar]
schieten (ww)	tirar, disparar (vi)	[ti'rar], [dispa'rar]
schreeuwen (ww)	gritar (vi)	[gri'tar]

schrijven (ww)	escribir (vt)	[eskri'βir]
souperen (ww)	cenar (vi)	[θe'nar]
spelen (kinderen)	jugar (vi)	[χu'gar]
spreken (ww)	hablar (vi, vt)	[a'βlʲar]
stelen (ww)	robar (vt)	[ro'βar]
stoppen (pauzeren)	pararse (vr)	[pa'rarse]

studeren (Nederlands ~)	estudiar (vt)	[estu'ðjar]
sturen (zenden)	enviar (vt)	[em'bjar]
tellen (optellen)	contar (vt)	[kon'tar]
toebehoren aan ...	pertenecer a ...	[pertene'θer a]
toestaan (ww)	permitir (vt)	[permi'tir]
tonen (ww)	mostrar (vt)	[mos'trar]

twijfelen (onzeker zijn)	dudar (vt)	[du'ðar]
uitgaan (ww)	salir (vi)	[sa'lir]
uitnodigen (ww)	invitar (vt)	[imbi'tar]
uitspreken (ww)	pronunciar (vt)	[pronun'θjar]
uitvaren tegen (ww)	regañar, reprender (vt)	[rega'njar], [repren'der]

11. De belangrijkste werkwoorden. Deel 4

vallen (ww)	caer (vi)	[ka'er]
vangen (ww)	coger (vt)	[ko'χer]
veranderen (anders maken)	cambiar (vt)	[kam'bjar]
verbaasd zijn (ww)	sorprenderse (vr)	[sorpren'derse]
verbergen (ww)	esconder (vt)	[eskon'der]

verdedigen (je land ~)	defender (vt)	[defen'der]
verenigen (ww)	unir (vt)	[u'nir]
vergelijken (ww)	comparar (vt)	[kompa'rar]
vergeten (ww)	olvidar (vt)	[olʲβi'ðar]
vergeven (ww)	perdonar (vt)	[perðo'nar]

verklaren (uitleggen)	explicar (vt)	[ekspli'kar]
verkopen (per stuk ~)	vender (vt)	[ben'der]
vermelden (praten over)	mencionar (vt)	[menθjo'nar]
versieren (decoreren)	decorar (vt)	[deko'rar]
vertalen (ww)	traducir (vt)	[traðu'θir]
vertrouwen (ww)	confiar (vt)	[koɱ'fjar]
vervolgen (ww)	continuar (vt)	[kontinu'ar]

verwarren (met elkaar ~)	confundir (vt)	[koɲfun'dir]
verzoeken (ww)	pedir (vt)	[pe'ðir]
verzuimen (school, enz.)	faltar a ...	[falʲ'tar a]

vinden (ww)	encontrar (vt)	[eŋkon'trar]
vliegen (ww)	volar (vi)	[bo'lʲar]
volgen (ww)	seguir ...	[se'gir]
voorstellen (ww)	proponer (vt)	[propo'ner]
voorzien (verwachten)	prever (vt)	[pre'βer]
vragen (ww)	preguntar (vt)	[pregun'tar]

waarnemen (ww)	observar (vt)	[oβser'βar]
waarschuwen (ww)	advertir (vt)	[aðβer'tir]
wachten (ww)	esperar (vt)	[espe'rar]
weerspreken (ww)	objetar (vt)	[oβχe'tar]
weigeren (ww)	negarse (vr)	[ne'garse]

werken (ww)	trabajar (vi)	[traβa'χar]
weten (ww)	saber (vt)	[sa'βer]
willen (verlangen)	querer (vt)	[ke'rer]
zeggen (ww)	decir (vt)	[de'θir]
zich haasten (ww)	tener prisa	[te'ner 'prisa]

zich interesseren voor ...	interesarse (vr)	[intere'sarse]
zich vergissen (ww)	equivocarse (vr)	[ekiβo'karse]
zien (ww)	ver (vt)	[ber]
zijn (leraar ~)	ser (vi)	[ser]

zijn (op dieet ~)	estar (vi)	[es'tar]
zijn (ww)	ser, estar (vi)	[ser], [es'tar]
zoeken (ww)	buscar (vt)	[bus'kar]
zwemmen (ww)	nadar (vi)	[na'ðar]
zwijgen (ww)	callarse (vr)	[ka'jarse]

12. Kleuren

kleur (de)	color (m)	[ko'lʲor]
tint (de)	matiz (m)	[ma'tiθ]
kleurnuance (de)	tono (m)	['tono]
regenboog (de)	arco (m) iris	['arko 'iris]

wit (bn)	blanco (adj)	['blʲaŋko]
zwart (bn)	negro (adj)	['neɣro]
grijs (bn)	gris (adj)	['gris]

groen (bn)	verde (adj)	['berðe]
geel (bn)	amarillo (adj)	[ama'rijo]
rood (bn)	rojo (adj)	['roχo]

blauw (bn)	azul (adj)	[a'θulʲ]
lichtblauw (bn)	azul claro (adj)	[a'θulʲ 'klʲaro]
roze (bn)	rosa (adj)	['rosa]
oranje (bn)	naranja (adj)	[na'ranχa]
violet (bn)	violeta (adj)	[bio'leta]

bruin (bn)	marrón (adj)	[ma'ron]
goud (bn)	dorado (adj)	[do'raðo]
zilverkleurig (bn)	argentado (adj)	[arχen'taðo]
beige (bn)	beige (adj)	['bejʒ]
roomkleurig (bn)	crema (adj)	['krema]
turkoois (bn)	turquesa (adj)	[tur'kesa]
kersrood (bn)	rojo cereza (adj)	['roχo θe'reθa]
lila (bn)	lila (adj)	['liˡa]
karmijnrood (bn)	carmesí (adj)	[karme'si]
licht (bn)	claro (adj)	['klˡaro]
donker (bn)	oscuro (adj)	[os'kuro]
fel (bn)	vivo (adj)	['biβo]
kleur-, kleurig (bn)	de color (adj)	[de ko'lˡor]
kleuren- (abn)	en colores (adj)	[en ko'lˡores]
zwart-wit (bn)	blanco y negro (adj)	['blˡaŋko i 'neɣro]
eenkleurig (bn)	unicolor (adj)	[uniko'lˡor]
veelkleurig (bn)	multicolor (adj)	[mulˡtiko'lˡor]

13. Vragen

Wie?	¿Quién?	['kjen]
Wat?	¿Qué?	[ke]
Waar?	¿Dónde?	['donde]
Waarheen?	¿Adónde?	[a'ðonde]
Waarvandaan?	¿De dónde?	[de 'donde]
Wanneer?	¿Cuándo?	[ku'ando]
Waarom?	¿Para qué?	[para 'ke]
Waarom?	¿Por qué?	[por 'ke]
Waarvoor dan ook?	¿Por qué razón?	[por ke ra'θon]
Hoe?	¿Cómo?	['komo]
Wat voor …?	¿Qué?	[ke]
Welk?	¿Cuál?	[ku'alˡ]
Aan wie?	¿A quién?	[a 'kjen]
Over wie?	¿De quién?	[de 'kjen]
Waarover?	¿De qué?	[de 'ke]
Met wie?	¿Con quién?	[kon 'kjen]
Hoeveel?	¿Cuánto?	[ku'anto]
Van wie? (mann.)	¿De quién?	[de 'kjen]

14. Functiewoorden. Bijwoorden. Deel 1

Waar?	¿Dónde?	['donde]
hier (bw)	aquí (adv)	[a'ki]
daar (bw)	allí (adv)	[a'ji]
ergens (bw)	en alguna parte	[en alˡ'guna 'parte]
nergens (bw)	en ninguna parte	[en nin'guna 'parte]

bij ... (in de buurt)	junto a ...	['χunto a]
bij het raam	junto a la ventana	['χunto a lʲa ben'tana]
Waarheen?	¿Adónde?	[a'ðonde]
hierheen (bw)	aquí (adv)	[a'ki]
daarheen (bw)	allí (adv)	[a'ji]
hiervandaan (bw)	de aquí (adv)	[de a'ki]
daarvandaan (bw)	de allí (adv)	[de a'ji]
dichtbij (bw)	cerca	['θerka]
ver (bw)	lejos (adv)	['leχos]
in de buurt (van ...)	cerca de ...	['θerka de]
dichtbij (bw)	al lado de ...	[alʲ 'lʲaðo de]
niet ver (bw)	no lejos (adv)	[no 'leχos]
linker (bn)	izquierdo (adj)	[iθ'kjerðo]
links (bw)	a la izquierda	[a lʲa iθ'kjerða]
linksaf, naar links (bw)	a la izquierda	[a lʲa iθ'kjerða]
rechter (bn)	derecho (adj)	[de'retʃo]
rechts (bw)	a la derecha	[a lʲa de'retʃa]
rechtsaf, naar rechts (bw)	a la derecha	[a lʲa de'retʃa]
vooraan (bw)	delante	[de'lʲante]
voorste (bn)	delantero (adj)	[delʲan'tero]
vooruit (bw)	adelante	[aðe'lʲante]
achter (bw)	detrás de ...	[de'tras de]
van achteren (bw)	desde atrás	['desðe a'tras]
achteruit (naar achteren)	atrás	[a'tras]
midden (het)	centro (m), medio (m)	['θentro], ['meðio]
in het midden (bw)	en medio (adv)	[en 'meðio]
opzij (bw)	de lado (adv)	[de 'lʲaðo]
overal (bw)	en todas partes	[en 'toðas 'partes]
omheen (bw)	alrededor (adv)	[alʲreðe'ðor]
binnenuit (bw)	de dentro (adv)	[de 'dentro]
naar ergens (bw)	a alguna parte	[a alʲ'guna 'parte]
rechtdoor (bw)	todo derecho (adv)	['toðo de'retʃo]
terug (bijv. ~ komen)	atrás	[a'tras]
ergens vandaan (bw)	de alguna parte	[de alʲ'guna 'parte]
ergens vandaan	de alguna parte	[de alʲ'guna 'parte]
(en dit geld moet ~ komen)		
ten eerste (bw)	primero (adv)	[pri'mero]
ten tweede (bw)	segundo (adv)	[se'gundo]
ten derde (bw)	tercero (adv)	[ter'θero]
plotseling (bw)	de súbito (adv)	[de 'suβito]
in het begin (bw)	al principio (adv)	[alʲ prin'θipio]
voor de eerste keer (bw)	por primera vez	[por pri'mera beθ]
lang voor ... (bw)	mucho tiempo antes ...	['mutʃo 'tjempo 'antes]

| opnieuw (bw) | de nuevo (adv) | [de nu'eβo] |
| voor eeuwig (bw) | para siempre (adv) | ['para 'sjempre] |

nooit (bw)	nunca (adv)	['nuŋka]
weer (bw)	de nuevo (adv)	[de nu'eβo]
nu (bw)	ahora (adv)	[a'ora]
vaak (bw)	frecuentemente (adv)	[frekuente'mente]
toen (bw)	entonces (adv)	[en'tonθes]
urgent (bw)	urgentemente	[urχente'mente]
meestal (bw)	usualmente (adv)	[usualʲ'mente]

trouwens, ... (tussen haakjes)	a propósito, ...	[a pro'posito]
mogelijk (bw)	es probable	[es pro'βaβle]
waarschijnlijk (bw)	probablemente	[proβaβle'mente]
misschien (bw)	tal vez	[talʲ beθ]
trouwens (bw)	además ...	[aðe'mas]
daarom ...	por eso ...	[por 'eso]
in weerwil van ...	a pesar de ...	[a pe'sar de]
dankzij ...	gracias a ...	['graθias a]

wat (vn)	qué	[ke]
dat (vw)	que	[ke]
iets (vn)	algo	['alʲgo]
iets	algo	['alʲgo]
niets (vn)	nada (f)	['naða]

wie (~ is daar?)	quien	[kjen]
iemand (een onbekende)	alguien	['alʲgjen]
iemand (een bepaald persoon)	alguien	['alʲgjen]

niemand (vn)	nadie	['naðje]
nergens (bw)	a ninguna parte	[a nin'guna 'parte]
niemands (bn)	de nadie	[de 'naðje]
iemands (bn)	de alguien	[de 'alʲgjen]

zo (Ik ben ~ blij)	tan, tanto (adv)	[tan], ['tanto]
ook (evenals)	también	[tam'bjen]
alsook (eveneens)	también	[tam'bjen]

15. Functiewoorden. Bijwoorden. Deel 2

Waarom?	¿Por qué?	[por 'ke]
om een bepaalde reden	por alguna razón	[por alʲ'guna ra'θon]
omdat ...	porque ...	['porke]
voor een bepaald doel	por cualquier razón (adv)	[por kualʲ'kjer ra'θon]

en (vw)	y	[i]
of (vw)	o	[o]
maar (vw)	pero	['pero]
voor (vz)	para	['para]
te (~ veel mensen)	demasiado (adv)	[dema'sjaðo]
alleen (bw)	sólo, solamente (adv)	['solʲo], [solʲa'mente]

precies (bw)	exactamente (adv)	[eksakta'mente]
ongeveer (~ 10 kg)	cerca de ...	['θerka de]
omstreeks (bw)	aproximadamente	[aproksimaða'mente]
bij benadering (bn)	aproximado (adj)	[aproksi'maðo]
bijna (bw)	casi (adv)	['kasi]
rest (de)	resto (m)	['resto]
de andere (tweede)	el otro (adj)	[elⁱ 'otro]
ander (bn)	otro (adj)	['otro]
elk (bn)	cada (adj)	['kaða]
om het even welk	cualquier (adj)	[kualⁱ'kjer]
veel (grote hoeveelheid)	mucho (adv)	['mutʃo]
veel mensen	mucha gente	['mutʃa 'χente]
iedereen (alle personen)	todos	['toðos]
in ruil voor ...	a cambio de ...	[a 'kambjo de]
in ruil (bw)	en cambio (adv)	[en 'kambio]
met de hand (bw)	a mano	[a 'mano]
onwaarschijnlijk (bw)	poco probable	['poko pro'βaβle]
waarschijnlijk (bw)	probablemente	[proβaβle'mente]
met opzet (bw)	a propósito (adv)	[a pro'posito]
toevallig (bw)	por accidente (adv)	[por akθi'ðente]
zeer (bw)	muy (adv)	['muj]
bijvoorbeeld (bw)	por ejemplo (adv)	[por e'χemplⁱo]
tussen (~ twee steden)	entre	['entre]
tussen (te midden van)	entre	['entre]
zoveel (bw)	tanto	['tanto]
vooral (bw)	especialmente (adv)	[espeθjalⁱ'mente]

Basisbegrippen Deel 2

16. Tegenovergestelden

rijk (bn)	rico (adj)	['riko]
arm (bn)	pobre (adj)	['poβre]
ziek (bn)	enfermo (adj)	[eɱ'fermo]
gezond (bn)	sano (adj)	['sano]
groot (bn)	grande (adj)	['grande]
klein (bn)	pequeño (adj)	[pe'kenjo]
snel (bw)	rápidamente (adv)	['rapiða'mente]
langzaam (bw)	lentamente (adv)	[lenta'mente]
snel (bn)	rápido (adj)	['rapiðo]
langzaam (bn)	lento (adj)	['lento]
vrolijk (bn)	alegre (adj)	[a'leɣre]
treurig (bn)	triste (adj)	['triste]
samen (bw)	juntos (adv)	['χuntos]
apart (bw)	separadamente	[separaða'mente]
hardop (~ lezen)	en voz alta	[en 'boθ 'alʲta]
stil (~ lezen)	en silencio	[en si'lenθio]
hoog (bn)	alto (adj)	['alʲto]
laag (bn)	bajo (adj)	['baχo]
diep (bn)	profundo (adj)	[pro'fundo]
ondiep (bn)	poco profundo (adj)	['poko pro'fundo]
ja	sí	[si]
nee	no	[no]
ver (bn)	lejano, distante (adj)	[le'χano], [dis'tante]
dicht (bn)	próximo, cercano (adj)	['proksimo], [θer'kano]
ver (bw)	lejos (adv)	['leχos]
dichtbij (bw)	cerco (adv)	['θerko]
lang (bn)	largo (adj)	['lʲargo]
kort (bn)	corto (adj)	['korto]
vriendelijk (goedhartig)	bueno, bondadoso (adj)	[bu'eno], [bonda'ðoso]
kwaad (bn)	malo, malvado (adj)	['malʲo], [malʲ'βaðo]

gehuwd (mann.)	casado (adj)	[ka'saðo]
ongehuwd (mann.)	soltero (adj)	[solʲ'tero]
verbieden (ww)	prohibir (vt)	[proi'βir]
toestaan (ww)	permitir (vt)	[permi'tir]
einde (het)	fin (m)	[fin]
begin (het)	principio, comienzo (m)	[prin'θipio], [ko'mjenθo]
linker (bn)	izquierdo (adj)	[iθ'kjerðo]
rechter (bn)	derecho (adj)	[de'retʃo]
eerste (bn)	primero (adj)	[pri'mero]
laatste (bn)	último (adj)	['ulʲtimo]
misdaad (de)	crimen (m)	['krimen]
bestraffing (de)	castigo (m)	[kas'tigo]
bevelen (ww)	ordenar (vt)	[orðe'nar]
gehoorzamen (ww)	obedecer (vi, vt)	[oβeðe'θer]
recht (bn)	recto (adj)	['rekto]
krom (bn)	curvo (adj)	['kurβo]
paradijs (het)	paraíso (m)	[para'iso]
hel (de)	infierno (m)	[iɱ'fjerno]
geboren worden (ww)	nacer (vi)	[na'θer]
sterven (ww)	morir (vi)	[mo'rir]
sterk (bn)	fuerte (adj)	[fu'erte]
zwak (bn)	débil (adj)	['deβilʲ]
oud (bn)	viejo (adj)	['bjeχo]
jong (bn)	joven (adj)	['χoβen]
oud (bn)	viejo (adj)	['bjeχo]
nieuw (bn)	nuevo (adj)	[nu'eβo]
hard (bn)	duro (adj)	['duro]
zacht (bn)	blando (adj)	['blʲando]
warm (bn)	tibio (adj)	['tiβio]
koud (bn)	frío (adj)	['frio]
dik (bn)	gordo (adj)	['gorðo]
dun (bn)	delgado (adj)	[delʲ'gado]
smal (bn)	estrecho (adj)	[es'tretʃo]
breed (bn)	ancho (adj)	['antʃo]
goed (bn)	bueno (adj)	[bu'eno]
slecht (bn)	malo (adj)	['malʲo]
moedig (bn)	valiente (adj)	[ba'ljente]
laf (bn)	cobarde (adj)	[ko'βarðe]

17. Dagen van de week

maandag (de)	lunes (m)	['l|unes]
dinsdag (de)	martes (m)	['martes]
woensdag (de)	miércoles (m)	['mjerkoles]
donderdag (de)	jueves (m)	[χu'eβes]
vrijdag (de)	viernes (m)	['bjernes]
zaterdag (de)	sábado (m)	['saβaðo]
zondag (de)	domingo (m)	[do'mingo]

vandaag (bw)	hoy (adv)	[oj]
morgen (bw)	mañana (adv)	[ma'njana]
overmorgen (bw)	pasado mañana	[pa'saðo ma'njana]
gisteren (bw)	ayer (adv)	[a'jer]
eergisteren (bw)	anteayer (adv)	[ante·a'jer]

dag (de)	día (m)	['dia]
werkdag (de)	día (m) de trabajo	['dia de tra'βaχo]
feestdag (de)	día (m) de fiesta	['dia de 'fjesta]
verlofdag (de)	día (m) de descanso	['dia de des'kanso]
weekend (het)	fin (m) de semana	['fin de se'mana]

de hele dag (bw)	todo el día	['toðo el| 'dia]
de volgende dag (bw)	al día siguiente	[al| 'dia si'gjente]
twee dagen geleden	dos días atrás	[dos 'dias a'tras]
aan de vooravond (bw)	en vísperas (adv)	[en 'bisperas]
dag-, dagelijks (bn)	diario (adj)	['djario]
elke dag (bw)	cada día (adv)	['kaða 'dia]

week (de)	semana (f)	[se'mana]
vorige week (bw)	semana (f) pasada	[se'mana pa'saða]
volgende week (bw)	semana (f) que viene	[se'mana ke 'bjene]
wekelijks (bn)	semanal (adj)	[sema'nal|]
elke week (bw)	cada semana (adv)	['kaða se'mana]
twee keer per week	dos veces por semana	[dos 'beθes por se'mana]
elke dinsdag	todos los martes	['toðos los 'martes]

18. Uren. Dag en nacht

morgen (de)	mañana (f)	[ma'njana]
's morgens (bw)	por la mañana	[por l|a ma'njana]
middag (de)	mediodía (m)	['meðjo'ðia]
's middags (bw)	por la tarde	[por l|a 'tarðe]

avond (de)	noche (f)	['notʃe]
's avonds (bw)	por la noche	[por l|a 'notʃe]
nacht (de)	noche (f)	['notʃe]
's nachts (bw)	por la noche	[por l|a 'notʃe]
middernacht (de)	medianoche (f)	['meðia'notʃe]

seconde (de)	segundo (m)	[se'gundo]
minuut (de)	minuto (m)	[mi'nuto]
uur (het)	hora (f)	['ora]

halfuur (het)	media hora (f)	['meðia 'ora]
kwartier (het)	cuarto (m) de hora	[ku'arto de 'ora]
vijftien minuten	quince minutos	['kinθe mi'nutos]
etmaal (het)	veinticuatro horas	['bejti·ku'atro 'oras]

zonsopgang (de)	salida (f) del sol	[sa'liða delʲ 'solʲ]
dageraad (de)	amanecer (m)	[amane'θer]
vroege morgen (de)	madrugada (f)	[maðru'gaða]
zonsondergang (de)	puesta (f) del sol	[pu'esta delʲ 'solʲ]

's morgens vroeg (bw)	de madrugada	[de maðru'gaða]
vanmorgen (bw)	esta mañana	['esta ma'njana]
morgenochtend (bw)	mañana por la mañana	[ma'njana por lʲa ma'njana]

vanmiddag (bw)	esta tarde	['esta 'tarðe]
's middags (bw)	por la tarde	[por lʲa 'tarðe]
morgenmiddag (bw)	mañana por la tarde	[ma'njana por lʲa 'tarðe]

| vanavond (bw) | esta noche | ['esta 'notʃe] |
| morgenavond (bw) | mañana por la noche | [ma'njana por lʲa 'notʃe] |

klokslag drie uur	a las tres en punto	[a lʲas 'tres en 'punto]
ongeveer vier uur	a eso de las cuatro	[a 'eso de lʲas ku'atro]
tegen twaalf uur	para las doce	['para lʲas 'doθe]

over twintig minuten	dentro de veinte minutos	['dentro de 'bejnte mi'nutos]
over een uur	dentro de una hora	['dentro de 'una 'ora]
op tijd (bw)	a tiempo (adv)	[a 'tjempo]

kwart voor ...	... menos cuarto	['menos ku'arto]
binnen een uur	durante una hora	[du'rante 'una 'ora]
elk kwartier	cada quince minutos	['kaða 'kinθe mi'nutos]
de klok rond	día y noche	['dia i 'notʃe]

19. Maanden. Seizoenen

januari (de)	enero (m)	[e'nero]
februari (de)	febrero (m)	[fe'βrero]
maart (de)	marzo (m)	['marθo]
april (de)	abril (m)	[a'βrilʲ]
mei (de)	mayo (m)	['majo]
juni (de)	junio (m)	['χunio]

juli (de)	julio (m)	['χulio]
augustus (de)	agosto (m)	[a'gosto]
september (de)	septiembre (m)	[sep'tjembre]
oktober (de)	octubre (m)	[ok'tuβre]
november (de)	noviembre (m)	[no'βjembre]
december (de)	diciembre (m)	[di'θjembre]

lente (de)	primavera (f)	[prima'βera]
in de lente (bw)	en primavera	[en prima'βera]
lente- (abn)	de primavera (adj)	[de prima'βera]
zomer (de)	verano (m)	[be'rano]

in de zomer (bw)	en verano	[em be'rano]
zomer-, zomers (bn)	de verano (adj)	[de be'rano]

herfst (de)	otoño (m)	[o'tonjo]
in de herfst (bw)	en otoño	[en o'tonjo]
herfst- (abn)	de otoño (adj)	[de o'tonjo]

winter (de)	invierno (m)	[im'bjerno]
in de winter (bw)	en invierno	[en im'bjerno]
winter- (abn)	de invierno (adj)	[de im'bjerno]
maand (de)	mes (m)	[mes]
deze maand (bw)	este mes	['este 'mes]
volgende maand (bw)	al mes siguiente	[alʲ 'mes si'gjente]
vorige maand (bw)	el mes pasado	[elʲ 'mes pa'saðo]

een maand geleden (bw)	hace un mes	['aθe un 'mes]
over een maand (bw)	dentro de un mes	['dentro de un mes]
over twee maanden (bw)	dentro de dos meses	['dentro de dos 'meses]
de hele maand (bw)	todo el mes	['toðo elʲ 'mes]
een volle maand (bw)	todo un mes	['toðo un 'mes]

maand-, maandelijks (bn)	mensual (adj)	[mensu'alʲ]
maandelijks (bw)	mensualmente (adv)	[mensualʲ'mente]
elke maand (bw)	cada mes	['kaða 'mes]
twee keer per maand	dos veces por mes	[dos 'beθes por 'mes]

jaar (het)	año (m)	['anjo]
dit jaar (bw)	este año	['este 'anjo]
volgend jaar (bw)	el próximo año	[elʲ 'proksimo 'anjo]
vorig jaar (bw)	el año pasado	[elʲ 'anjo pa'saðo]
een jaar geleden (bw)	hace un año	['aθe un 'anjo]
over een jaar	dentro de un año	['dentro de un 'anjo]
over twee jaar	dentro de dos años	['dentro de dos 'anjos]
het hele jaar	todo el año	['toðo elʲ 'anjo]
een vol jaar	todo un año	['toðo un 'anjo]

elk jaar	cada año	['kaða 'anjo]
jaar-, jaarlijks (bn)	anual (adj)	[anu'alʲ]
jaarlijks (bw)	anualmente (adv)	[anualʲ'mente]
4 keer per jaar	cuatro veces por año	[ku'atro 'beθes por 'anjo]

datum (de)	fecha (f)	['fetʃa]
datum (de)	fecha (f)	['fetʃa]
kalender (de)	calendario (m)	[kalen'dario]

een half jaar	medio año (m)	['meðjo 'anjo]
zes maanden	seis meses	['sejs 'meses]
seizoen (bijv. lente, zomer)	estación (f)	[esta'θjon]
eeuw (de)	siglo (m)	['siɣlʲo]

20. Tijd. Diversen

tijd (de)	tiempo (m)	['tjempo]
ogenblik (het)	momento (m)	[mo'mento]

moment (het)	instante (m)	[ins'tante]
ogenblikkelijk (bn)	instantáneo (adj)	[instan'taneo]
tijdsbestek (het)	lapso (m) de tiempo	['lʲapso de 'tjempo]
leven (het)	vida (f)	['biða]
eeuwigheid (de)	eternidad (f)	[eterni'ðað]

epoche (de), tijdperk (het)	época (f)	['epoka]
era (de), tijdperk (het)	era (f)	['era]
cyclus (de)	ciclo (m)	['θiklʲo]
periode (de)	periodo (m)	[pe'rjoðo]
termijn (vastgestelde periode)	plazo (m)	['plʲaθo]

toekomst (de)	futuro (m)	[fu'turo]
toekomstig (bn)	futuro (adj)	[fu'turo]
de volgende keer	la próxima vez	[lʲa 'proksima 'beθ]
verleden (het)	pasado (m)	[pa'saðo]
vorig (bn)	pasado (adj)	[pa'saðo]
de vorige keer	la última vez	[lʲa 'ulʲtima 'beθ]
later (bw)	más tarde (adv)	[mas 'tarðe]
na (~ het diner)	después	[despu'es]
tegenwoordig (bw)	actualmente (adv)	[aktualʲ'mente]
nu (bw)	ahora (adv)	[a'ora]
onmiddellijk (bw)	inmediatamente	[immeðjata'mente]
snel (bw)	pronto (adv)	['pronto]
bij voorbaat (bw)	de antemano (adv)	[de ante'mano]

lang geleden (bw)	hace mucho tiempo	['aθe 'mutʃo 'tjempo]
kort geleden (bw)	hace poco (adv)	['aθe 'poko]
noodlot (het)	destino (m)	[des'tino]
herinneringen (mv.)	recuerdos (m pl)	[reku'erðos]
archief (het)	archivo (m)	[ar'tʃiβo]
tijdens ... (ten tijde van)	durante ...	[du'rante]
lang (bw)	mucho tiempo (adv)	['mutʃo 'tjempo]
niet lang (bw)	poco tiempo (adv)	['poko 'tjempo]
vroeg (bijv. ~ in de ochtend)	temprano (adv)	[tem'prano]
laat (bw)	tarde (adv)	['tarðe]

voor altijd (bw)	para siempre (adv)	['para 'sjempre]
beginnen (ww)	comenzar (vt)	[komen'θar]
uitstellen (ww)	aplazar (vt)	[aplʲa'θar]

tegelijkertijd (bw)	simultáneamente	[simulʲ'tanea'mente]
voortdurend (bw)	permanentemente	[permanenta'mente]
voortdurend	constante (adj)	[kons'tante]
tijdelijk (bn)	temporal (adj)	[tempo'ralʲ]

soms (bw)	a veces (adv)	[a 'beθes]
zelden (bw)	raras veces, raramente (adv)	['raras 'beθes], [rara'mente]
vaak (bw)	frecuentemente (adv)	[frekuente'mente]

21. Lijnen en vormen

vierkant (het)	cuadrado (m)	[kua'ðraðo]
vierkant (bn)	cuadrado (adj)	[kua'ðraðo]

cirkel (de)	círculo (m)	['θirkulʲo]
rond (bn)	redondo (adj)	[re'ðondo]
driehoek (de)	triángulo (m)	[tri'angulʲo]
driehoekig (bn)	triangular (adj)	[triangu'lʲar]

ovaal (het)	óvalo (m)	['oβalʲo]
ovaal (bn)	oval (adj)	[o'βalʲ]
rechthoek (de)	rectángulo (m)	[rek'tangulʲo]
rechthoekig (bn)	rectangular (adj)	[rektangu'lʲar]

piramide (de)	pirámide (f)	[pi'ramiðe]
ruit (de)	rombo (m)	['rombo]
trapezium (het)	trapecio (m)	[tra'peθio]
kubus (de)	cubo (m)	['kuβo]
prisma (het)	prisma (m)	['prisma]

omtrek (de)	circunferencia (f)	[θirkuɱfe'renθia]
bol, sfeer (de)	esfera (f)	[es'fera]
bal (de)	globo (m)	['glʲoβo]
diameter (de)	diámetro (m)	[di'ametro]
straal (de)	radio (m)	['raðio]
omtrek (~ van een cirkel)	perímetro (m)	[pe'rimetro]
middelpunt (het)	centro (m)	['θentro]

horizontaal (bn)	horizontal (adj)	[oriθon'talʲ]
verticaal (bn)	vertical (adj)	[berti'kalʲ]
parallel (de)	paralela (f)	[para'lʲelʲa]
parallel (bn)	paralelo (adj)	[para'lʲelʲo]

lijn (de)	línea (f)	['linea]
streep (de)	trazo (m)	['traθo]
rechte lijn (de)	recta (f)	['rekta]
kromme (de)	curva (f)	['kurβa]
dun (bn)	fino (adj)	['fino]
omlijning (de)	contorno (m)	[kon'torno]

snijpunt (het)	intersección (f)	[intersek'θjon]
rechte hoek (de)	ángulo (m) recto	['angulʲo 'rekto]
segment (het)	segmento (m)	[seɣ'mento]
sector (de)	sector (m)	[sek'tor]
zijde (de)	lado (m)	['lʲaðo]
hoek (de)	ángulo (m)	['angulʲo]

22. Meeteenheden

gewicht (het)	peso (m)	['peso]
lengte (de)	longitud (f)	[lʲonχi'tuð]
breedte (de)	anchura (f)	[an'ʧura]
hoogte (de)	altura (f)	[alʲ'tura]
diepte (de)	profundidad (f)	[profundi'ðað]
volume (het)	volumen (m)	[bo'lʲumen]
oppervlakte (de)	área (f)	['area]
gram (het)	gramo (m)	['gramo]
milligram (het)	miligramo (m)	[mili'ɣramo]

kilogram (het)	kilogramo (m)	[kiⁱo'ɣramo]
ton (duizend kilo)	tonelada (f)	[tone'lʲaða]
pond (het)	libra (f)	['liβra]
ons (het)	onza (f)	['onθa]

meter (de)	metro (m)	['metro]
millimeter (de)	milímetro (m)	[mi'limetro]
centimeter (de)	centímetro (m)	[θen'timetro]
kilometer (de)	kilómetro (m)	[ki'lʲometro]
mijl (de)	milla (f)	['mija]

duim (de)	pulgada (f)	[pulʲ'gaða]
voet (de)	pie (m)	[pje]
yard (de)	yarda (f)	['jarða]

vierkante meter (de)	metro (m) cuadrado	['metro kua'ðraðo]
hectare (de)	hectárea (f)	[ek'tarea]

liter (de)	litro (m)	['litro]
graad (de)	grado (m)	['graðo]
volt (de)	voltio (m)	['bolʲtio]
ampère (de)	amperio (m)	[am'perio]
paardenkracht (de)	caballo (m) de fuerza	[ka'βajo de fu'erθa]

hoeveelheid (de)	cantidad (f)	[kanti'ðað]
een beetje ...	un poco de ...	[un 'poko de]
helft (de)	mitad (f)	[mi'tað]
dozijn (het)	docena (f)	[do'θena]
stuk (het)	pieza (f)	['pjeθa]

afmeting (de)	dimensión (f)	[dimen'sjon]
schaal (bijv. ~ van 1 op 50)	escala (f)	[es'kalʲa]

minimaal (bn)	mínimo (adj)	['minimo]
minste (bn)	el más pequeño (adj)	[elʲ mas pe'kenjo]
medium (bn)	medio (adj)	['meðio]
maximaal (bn)	máximo (adj)	['maksimo]
grootste (bn)	el más grande (adj)	[elʲ 'mas 'grande]

23. Containers

glazen pot (de)	tarro (m) de vidrio	['taro de 'biðrio]
blik (conserven~)	lata (f)	['lʲata]
emmer (de)	cubo (m)	['kuβo]
ton (bijv. regenton)	barril (m)	[ba'rilʲ]

ronde waterbak (de)	palangana (f)	[palʲan'gana]
tank (bijv. watertank-70-ltr)	tanque (m)	['taŋke]
heupfles (de)	petaca (f)	[pe'taka]
jerrycan (de)	bidón (m) de gasolina	[bi'ðon de gaso'lina]
tank (bijv. ketelwagen)	cisterna (f)	[θis'terna]

beker (de)	taza (f)	['taθa]
kopje (het)	taza (f)	['taθa]

schoteltje (het)	platillo (m)	[pˡa'tijo]
glas (het)	vaso (m)	['baso]
wijnglas (het)	copa (f) de vino	['kopa de 'bino]
pan (de)	olla (f)	['oja]

| fles (de) | botella (f) | [bo'teja] |
| flessenhals (de) | cuello (m) de botella | [ku'ejo de bo'teja] |

karaf (de)	garrafa (f)	[ga'rafa]
kruik (de)	jarro (m)	['χaro]
vat (het)	recipiente (m)	[reθi'pjente]
pot (de)	tarro (m)	['taro]
vaas (de)	florero (m)	[flˡo'rero]

flacon (de)	frasco (m)	['frasko]
flesje (het)	frasquito (m)	[fras'kito]
tube (bijv. ~ tandpasta)	tubo (m)	['tuβo]

zak (bijv. ~ aardappelen)	saco (m)	['sako]
tasje (het)	bolsa (f)	['bolˡsa]
pakje (~ sigaretten, enz.)	paquete (m)	[pa'kete]

doos (de)	caja (f)	['kaχa]
kist (de)	cajón (m)	[ka'χon]
mand (de)	cesta (f)	['θesta]

24. Materialen

materiaal (het)	material (m)	[mate'rjalˡ]
hout (het)	madera (f)	[ma'ðera]
houten (bn)	de madera (adj)	[de ma'ðera]

| glas (het) | vidrio (m) | ['biðrio] |
| glazen (bn) | de vidrio (adj) | [de 'biðrio] |

| steen (de) | piedra (f) | ['pjeðra] |
| stenen (bn) | de piedra (adj) | [de 'pjeðra] |

| plastic (het) | plástico (m) | ['plˡastiko] |
| plastic (bn) | de plástico (adj) | [de 'plˡastiko] |

| rubber (het) | goma (f) | ['goma] |
| rubber-, rubberen (bn) | de goma (adj) | [de 'goma] |

| stof (de) | tela (f) | ['telˡa] |
| van stof (bn) | de tela (adj) | [de 'telˡa] |

| papier (het) | papel (m) | [pa'pelˡ] |
| papieren (bn) | de papel (adj) | [de pa'pelˡ] |

karton (het)	cartón (m)	[kar'ton]
kartonnen (bn)	de cartón (adj)	[de kar'ton]
polyethyleen (het)	polietileno (m)	[polieti'leno]
cellofaan (het)	celofán (m)	[θelˡo'fan]

multiplex (het)	contrachapado (m)	[kontratʃa'paðo]
porselein (het)	porcelana (f)	[porθe'lʲana]
porseleinen (bn)	de porcelana (adj)	[de porθe'lʲana]
klei (de)	arcilla (f), barro (m)	[ar'θija], ['baro]
klei-, van klei (bn)	de barro (adj)	[de 'baro]
keramiek (de)	cerámica (f)	[θe'ramika]
keramieken (bn)	de cerámica (adj)	[de θe'ramika]

25. Metalen

metaal (het)	metal (m)	[me'talʲ]
metalen (bn)	metálico (adj)	[me'taliko]
legering (de)	aleación (f)	[alea'θjon]

goud (het)	oro (m)	['oro]
gouden (bn)	de oro (adj)	[de 'oro]
zilver (het)	plata (f)	['plʲata]
zilveren (bn)	de plata (adj)	[de 'plʲata]

ijzer (het)	hierro (m)	['jero]
ijzeren	de hierro (adj)	[de 'jero]
staal (het)	acero (m)	[a'θero]
stalen (bn)	de acero (adj)	[de a'θero]
koper (het)	cobre (m)	['koβre]
koperen (bn)	de cobre (adj)	[de 'koβre]

aluminium (het)	aluminio (m)	[alʲu'minio]
aluminium (bn)	de aluminio (adj)	[de alʲu'minio]
brons (het)	bronce (m)	['bronθe]
bronzen (bn)	de bronce (adj)	[de 'bronθe]

messing (het)	latón (m)	[lʲa'ton]
nikkel (het)	níquel (m)	['nikelʲ]
platina (het)	platino (m)	[plʲa'tino]
kwik (het)	mercurio (m)	[mer'kurio]
tin (het)	estaño (m)	[es'tanjo]
lood (het)	plomo (m)	['plʲomo]
zink (het)	zinc (m)	[θiŋk]

MENS

Mens. Het lichaam

26. Mensen. Basisbegrippen

mens (de)	ser (m) humano	[ser u'mano]
man (de)	hombre (m)	['ombre]
vrouw (de)	mujer (f)	[mu'χer]
kind (het)	niño (m), niña (f)	['ninjo], ['ninja]
meisje (het)	niña (f)	['ninja]
jongen (de)	niño (m)	['ninjo]
tiener, adolescent (de)	adolescente (m)	[aðole'θente]
oude man (de)	viejo, anciano (m)	['bjeχo], [an'θjano]
oude vrouw (de)	vieja, anciana (f)	['bjeχa], [an'θjana]

27. Menselijke anatomie

organisme (het)	organismo (m)	[orga'nismo]
hart (het)	corazón (m)	[kora'θon]
bloed (het)	sangre (f)	['sangre]
slagader (de)	arteria (f)	[ar'teria]
ader (de)	vena (f)	['bena]
hersenen (mv.)	cerebro (m)	[θe'reβro]
zenuw (de)	nervio (m)	['nerβio]
zenuwen (mv.)	nervios (m pl)	['nerβios]
wervel (de)	vértebra (f)	['berteβra]
ruggengraat (de)	columna (f) vertebral	[ko'lʲumna berte'βralʲ]
maag (de)	estómago (m)	[es'tomago]
darmen (mv.)	intestinos (m pl)	[intes'tinos]
darm (de)	intestino (m)	[intes'tino]
lever (de)	hígado (m)	['igaðo]
nier (de)	riñón (m)	[ri'njon]
been (deel van het skelet)	hueso (m)	[u'eso]
skelet (het)	esqueleto (m)	[eske'leto]
rib (de)	costilla (f)	[kos'tija]
schedel (de)	cráneo (m)	['kraneo]
spier (de)	músculo (m)	['muskulʲo]
biceps (de)	bíceps (m)	['biθeps]
triceps (de)	tríceps (m)	['triθeps]
pees (de)	tendón (m)	[ten'don]
gewricht (het)	articulación (f)	[artikulʲa'θjon]

longen (mv.)	pulmones (m pl)	[pul'mones]
geslachtsorganen (mv.)	genitales (m pl)	[xeni'tales]
huid (de)	piel (f)	[pjelʲ]

28. Hoofd

hoofd (het)	cabeza (f)	[ka'βeθa]
gezicht (het)	cara (f)	['kara]
neus (de)	nariz (f)	[na'riθ]
mond (de)	boca (f)	['boka]

oog (het)	ojo (m)	['oχo]
ogen (mv.)	ojos (m pl)	['oχos]
pupil (de)	pupila (f)	[pu'pilʲa]
wenkbrauw (de)	ceja (f)	['θeχa]
wimper (de)	pestaña (f)	[pes'tanja]
ooglid (het)	párpado (m)	['parpaðo]

tong (de)	lengua (f)	['lengua]
tand (de)	diente (m)	['djente]
lippen (mv.)	labios (m pl)	['lʲaβjos]
jukbeenderen (mv.)	pómulos (m pl)	['pomulʲos]
tandvlees (het)	encía (f)	[en'θia]
gehemelte (het)	paladar (m)	[palʲa'ðar]

neusgaten (mv.)	ventanas (f pl)	[ben'tanas]
kin (de)	mentón (m)	[men'ton]
kaak (de)	mandíbula (f)	[man'diβulʲa]
wang (de)	mejilla (f)	[me'χija]

voorhoofd (het)	frente (f)	['frente]
slaap (de)	sien (f)	[θjen]
oor (het)	oreja (f)	[o'reχa]
achterhoofd (het)	nuca (f)	['nuka]
hals (de)	cuello (m)	[ku'ejo]
keel (de)	garganta (f)	[gar'ganta]

haren (mv.)	pelo, cabello (m)	['pelʲo], [ka'βejo]
kapsel (het)	peinado (m)	[pej'naðo]
haarsnit (de)	corte (m) de pelo	['korte de 'pelʲo]
pruik (de)	peluca (f)	[pe'lʲuka]

snor (de)	bigote (m)	[bi'gote]
baard (de)	barba (f)	['barβa]
dragen (een baard, enz.)	tener (vt)	[te'ner]
vlecht (de)	trenza (f)	['trenθa]
bakkebaarden (mv.)	patillas (f pl)	[pa'tijas]

ros (roodachtig, rossig)	pelirrojo (adj)	[peli'roχo]
grijs (~ haar)	gris, canoso (adj)	[gris], [ka'noso]
kaal (bn)	calvo (adj)	['kalʲβo]
kale plek (de)	calva (f)	['kalʲβa]
paardenstaart (de)	cola (f) de caballo	['kolʲa de ka'βajo]
pony (de)	flequillo (m)	[fle'kijo]

29. Menselijk lichaam

hand (de)	mano (f)	['mano]
arm (de)	brazo (m)	['braθo]
vinger (de)	dedo (m)	['deðo]
teen (de)	dedo (m) del pie	['deðo delʲ pje]
duim (de)	dedo (m) pulgar	['deðo pulʲ'gar]
pink (de)	dedo (m) meñique	['deðo me'njike]
nagel (de)	uña (f)	['unja]
vuist (de)	puño (m)	['punjo]
handpalm (de)	palma (f)	['palʲma]
pols (de)	muñeca (f)	[mu'njeka]
voorarm (de)	antebrazo (m)	[ante·'βraθo]
elleboog (de)	codo (m)	['koðo]
schouder (de)	hombro (m)	['ombro]
been (rechter ~)	pierna (f)	['pjerna]
voet (de)	planta (f)	['plʲanta]
knie (de)	rodilla (f)	[ro'ðija]
kuit (de)	pantorrilla (f)	[panto'rija]
heup (de)	cadera (f)	[ka'ðera]
hiel (de)	talón (m)	[ta'lʲon]
lichaam (het)	cuerpo (m)	[ku'erpo]
buik (de)	vientre (m)	['bjentre]
borst (de)	pecho (m)	['petʃo]
borst (de)	seno (m)	['seno]
zijde (de)	lado (m), costado (m)	['lʲaðo], [kos'taðo]
rug (de)	espalda (f)	[es'palʲda]
lage rug (de)	zona (f) lumbar	['θona lʲum'bar]
taille (de)	cintura (f), talle (m)	[θin'tura], ['taje]
navel (de)	ombligo (m)	[om'bligo]
billen (mv.)	nalgas (f pl)	['nalʲgas]
achterwerk (het)	trasero (m)	[tra'sero]
huidvlek (de)	lunar (m)	[lʲu'nar]
moedervlek (de)	marca (f) de nacimiento	['marka de naθi'mjento]
tatoeage (de)	tatuaje (m)	[tatu'aχe]
litteken (het)	cicatriz (f)	[sika'triθ]

Kleding en accessoires

30. Bovenkleding. Jassen

kleren (mv.)	ropa (f)	['ropa]
bovenkleding (de)	ropa (f) de calle	['ropa de 'kaje]
winterkleding (de)	ropa (f) de invierno	['ropa de im'bjerno]
jas (de)	abrigo (m)	[a'βrigo]
bontjas (de)	abrigo (m) de piel	[a'βrigo de pjelʲ]
bontjasje (het)	abrigo (m) corto de piel	[a'βrigo 'korto de pjelʲ]
donzen jas (de)	chaqueta (f) plumón	[ʧa'keta plʲu'mon]
jasje (bijv. een leren ~)	cazadora (f)	[kaθa'ðora]
regenjas (de)	impermeable (m)	[imperme'aβle]
waterdicht (bn)	impermeable (adj)	[imperme'aβle]

31. Heren & dames kleding

overhemd (het)	camisa (f)	[ka'misa]
broek (de)	pantalones (m pl)	[panta'lʲones]
jeans (de)	vaqueros (m pl)	[ba'keros]
colbert (de)	chaqueta (f), saco (m)	[ʧa'keta], ['sako]
kostuum (het)	traje (m)	['traxe]
jurk (de)	vestido (m)	[bes'tiðo]
rok (de)	falda (f)	['falʲda]
blouse (de)	blusa (f)	['blʲusa]
wollen vest (de)	rebeca (f), chaqueta (f) de punto	[re'βeka], [ʧa'keta de 'punto]
blazer (kort jasje)	chaqueta (f)	[ʧa'keta]
T-shirt (het)	camiseta (f)	[kami'seta]
shorts (mv.)	pantalones (m pl) cortos	[panta'lʲones 'kortos]
trainingspak (het)	traje (m) deportivo	['traxe depor'tiβo]
badjas (de)	bata (f) de baño	['bata de 'banjo]
pyjama (de)	pijama (m)	[pi'xama]
sweater (de)	suéter (m)	[su'eter]
pullover (de)	pulóver (m)	[pu'lʲoβer]
gilet (het)	chaleco (m)	[ʧa'leko]
rokkostuum (het)	frac (m)	[frak]
smoking (de)	esmoquin (m)	[es'mokin]
uniform (het)	uniforme (m)	[uni'forme]
werkkleding (de)	ropa (f) de trabajo	['ropa de tra'βaxo]
overall (de)	mono (m)	['mono]
doktersjas (de)	bata (f)	['bata]

32. Kleding. Ondergoed

ondergoed (het)	ropa (f) interior	['ropa inte'rjor]
herenslip (de)	bóxer (m)	['bokser]
slipjes (mv.)	bragas (f pl)	['bragas]
onderhemd (het)	camiseta (f) interior	[kami'θeta inte'rjor]
sokken (mv.)	calcetines (m pl)	[kalʲθe'tines]
nachthemd (het)	camisón (m)	[kami'son]
beha (de)	sostén (m)	[sos'ten]
kniekousen (mv.)	calcetines (m pl) altos	[kalʲθe'tines 'alʲtos]
panty (de)	pantimedias (f pl)	[panti'meðias]
nylonkousen (mv.)	medias (f pl)	['meðias]
badpak (het)	traje (m) de baño	['traχe de 'banjo]

33. Hoofddeksels

hoed (de)	gorro (m)	['goro]
deukhoed (de)	sombrero (m)	[som'brero]
honkbalpet (de)	gorra (f) de béisbol	['gora de 'bejsβolʲ]
kleppet (de)	gorra (f) plana	['gora 'plʲana]
baret (de)	boina (f)	['bojna]
kap (de)	capuchón (m)	[kapu'tʃon]
panamahoed (de)	panamá (m)	[pana'ma]
gebreide muts (de)	gorro (m) de punto	['goro de 'punto]
hoofddoek (de)	pañuelo (m)	[panju'elʲo]
dameshoed (de)	sombrero (m) de mujer	[som'brero de mu'χer]
veiligheidshelm (de)	casco (m)	['kasko]
veldmuts (de)	gorro (m) de campaña	['goro de kam'panja]
helm, valhelm (de)	casco (m)	['kasko]
bolhoed (de)	bombín (m)	[bom'bin]
hoge hoed (de)	sombrero (m) de copa	[som'brero de 'kopa]

34. Schoeisel

schoeisel (het)	calzado (m)	[kalʲ'θaðo]
schoenen (mv.)	botas (f pl)	['botas]
vrouwenschoenen (mv.)	zapatos (m pl)	[θa'patos]
laarzen (mv.)	botas (f pl)	['botas]
pantoffels (mv.)	zapatillas (f pl)	[θapa'tijas]
sportschoenen (mv.)	tenis (m pl)	['tenis]
sneakers (mv.)	zapatillas (f pl) de lona	[θapa'tijas de 'lʲona]
sandalen (mv.)	sandalias (f pl)	[san'daljas]
schoenlapper (de)	zapatero (m)	[θapa'tero]
hiel (de)	tacón (m)	[ta'kon]

paar (een ~ schoenen)	par (m)	[par]
veter (de)	cordón (m)	[kor'ðon]
rijgen (schoenen ~)	encordonar (vt)	[eŋkorðo'nar]
schoenlepel (de)	calzador (m)	[kalʲθa'ðor]
schoensmeer (de/het)	betún (m)	[be'tun]

35. Textiel. Weefsel

katoen (de/het)	algodón (m)	[alʲgo'ðon]
katoenen (bn)	de algodón (adj)	[de alʲgo'ðon]
vlas (het)	lino (m)	['lino]
vlas-, van vlas (bn)	de lino (adj)	[de 'lino]
zijde (de)	seda (f)	['seða]
zijden (bn)	de seda (adj)	[de 'seða]
wol (de)	lana (f)	['lʲana]
wollen (bn)	de lana (adj)	[de 'lʲana]
fluweel (het)	terciopelo (m)	[terθjo'pelʲo]
suède (de)	gamuza (f)	[ga'muθa]
ribfluweel (het)	pana (f)	['pana]
nylon (de/het)	nilón (m)	[ni'lʲon]
nylon-, van nylon (bn)	de nilón (adj)	[de ni'lʲon]
polyester (het)	poliéster (m)	[po'ljester]
polyester- (abn)	de poliéster (adj)	[de po'ljester]
leer (het)	piel (f)	[pjelʲ]
leren (van leer gemaak)	de piel	[de 'pjelʲ]
bont (het)	piel (f)	[pjelʲ]
bont- (abn)	de piel (adj)	[de 'pjelʲ]

36. Persoonlijke accessoires

handschoenen (mv.)	guantes (m pl)	[gu'antes]
wanten (mv.)	manoplas (f pl)	[ma'noplʲas]
sjaal (fleece ~)	bufanda (f)	[bu'fanda]
bril (de)	gafas (f pl)	['gafas]
brilmontuur (het)	montura (f)	[mon'tura]
paraplu (de)	paraguas (m)	[pa'raguas]
wandelstok (de)	bastón (m)	[bas'ton]
haarborstel (de)	cepillo (m) de pelo	[θe'pijo de 'pelʲo]
waaier (de)	abanico (m)	[aβa'niko]
das (de)	corbata (f)	[kor'βata]
strikje (het)	pajarita (f)	[paχa'rita]
bretels (mv.)	tirantes (m pl)	[ti'rantes]
zakdoek (de)	moquero (m)	[mo'kero]
kam (de)	peine (m)	['pejne]
haarspeldje (het)	pasador (m) de pelo	[pasa'ðor de 'pelʲo]

schuifspeldje (het)	horquilla (f)	[or'kija]
gesp (de)	hebilla (f)	[e'βija]
broekriem (de)	cinturón (m)	[θintu'ron]
draagriem (de)	correa (f)	[ko'rea]
handtas (de)	bolsa (f)	['bolʲsa]
damestas (de)	bolso (m)	['bolʲso]
rugzak (de)	mochila (f)	[mo'tʃilʲa]

37. Kleding. Diversen

mode (de)	moda (f)	['moða]
de mode (bn)	de moda (adj)	[de 'moða]
kledingstilist (de)	diseñador (m) de moda	[disenja'ðor de 'moða]
kraag (de)	cuello (m)	[ku'ejo]
zak (de)	bolsillo (m)	[bolʲ'sijo]
zak- (abn)	de bolsillo (adj)	[de bolʲ'sijo]
mouw (de)	manga (f)	['manga]
lusje (het)	presilla (f)	[pre'sija]
gulp (de)	bragueta (f)	[bra'geta]
rits (de)	cremallera (f)	[krema'jera]
sluiting (de)	cierre (m)	['θjere]
knoop (de)	botón (m)	[bo'ton]
knoopsgat (het)	ojal (m)	[o'χalʲ]
losraken (bijv. knopen)	saltar (vi)	[salʲ'tar]
naaien (kleren, enz.)	coser (vi, vt)	[ko'ser]
borduren (ww)	bordar (vt)	[bor'ðar]
borduursel (het)	bordado (m)	[bor'ðaðo]
naald (de)	aguja (f)	[a'guχa]
draad (de)	hilo (m)	['ilʲo]
naad (de)	costura (f)	[kos'tura]
vies worden (ww)	ensuciarse (vr)	[ensu'θjarse]
vlek (de)	mancha (f)	['mantʃa]
gekreukt raken (ov. kleren)	arrugarse (vr)	[aru'garse]
scheuren (ov.ww.)	rasgar (vt)	[ras'gar]
mot (de)	polilla (f)	[po'lija]

38. Persoonlijke verzorging. Schoonheidsmiddelen

tandpasta (de)	pasta (f) de dientes	['pasta de 'djentes]
tandenborstel (de)	cepillo (m) de dientes	[θe'pijo de 'djentes]
tanden poetsen (ww)	limpiarse los dientes	[lim'pjarse los 'djentes]
scheermes (het)	maquinilla (f) de afeitar	[maki'nija de afej'tar]
scheerschuim (het)	crema (f) de afeitar	['krema de afej'tar]
zich scheren (ww)	afeitarse (vr)	[afej'tarse]
zeep (de)	jabón (m)	[χa'βon]

shampoo (de)	champú (m)	[ʧam'pu]
schaar (de)	tijeras (f pl)	[ti'χeras]
nagelvijl (de)	lima (f) de uñas	['lima de 'unjas]
nagelknipper (de)	cortaúñas (m pl)	[korta·'unjas]
pincet (het)	pinzas (f pl)	['pinθas]

cosmetica (mv.)	cosméticos (m pl)	[kos'metikos]
masker (het)	mascarilla (f)	[maska'rija]
manicure (de)	manicura (f)	[mani'kura]
manicure doen	hacer la manicura	[a'θer lʲa mani'kura]
pedicure (de)	pedicura (f)	[peði'kura]

cosmetica tasje (het)	bolsa (f) de maquillaje	['bolʲsa de maki'jaχe]
poeder (de/het)	polvos (m pl)	['polʲβos]
poederdoos (de)	polvera (f)	[polʲ'βera]
rouge (de)	colorete (m)	[kolʲo'rete]

parfum (de/het)	perfume (m)	[per'fume]
eau de toilet (de)	agua (f) de tocador	['agua de [toka'ðor]
lotion (de)	loción (f)	[lʲo'θjon]
eau de cologne (de)	agua (f) de Colonia	['agua de ko'lʲonia]

oogschaduw (de)	sombra (f) de ojos	['sombra de 'oχos]
oogpotlood (het)	lápiz (m) de ojos	['lʲapiθ de 'oχos]
mascara (de)	rímel (m)	['rimelʲ]

lippenstift (de)	pintalabios (m)	[pinta·'lʲaβios]
nagellak (de)	esmalte (m) de uñas	[es'malʲte de 'unjas]
haarlak (de)	fijador (m)	[fiχa'ðor]
deodorant (de)	desodorante (m)	[desoðo'rante]

crème (de)	crema (f)	['krema]
gezichtscrème (de)	crema (f) de belleza	['krema de be'jeθa]
handcrème (de)	crema (f) de manos	['krema de 'manos]
antirimpelcrème (de)	crema (f) antiarrugas	['krema anti·a'rugas]
dagcrème (de)	crema (f) de día	['krema de 'dia]
nachtcrème (de)	crema (f) de noche	['krema de 'noʧe]
dag- (abn)	de día (adj)	[de 'dia]
nacht- (abn)	de noche (adj)	[de 'noʧe]

tampon (de)	tampón (m)	[tam'pon]
toiletpapier (het)	papel (m) higiénico	[pa'pelʲ i'χjeniko]
föhn (de)	secador (m) de pelo	[seka'ðor de 'pelʲo]

39. Juwelen

sieraden (mv.)	joyas (f pl)	['χojas]
edel (bijv. ~ stenen)	precioso (adj)	[pre'θjoso]
keurmerk (het)	contraste (m)	[kon'traste]

ring (de)	anillo (m)	[a'nijo]
trouwring (de)	anillo (m) de boda	[a'nijo de 'boða]
armband (de)	pulsera (f)	[pulʲ'sera]
oorringen (mv.)	pendientes (m pl)	[pen'djentes]

halssnoer (het)	collar (m)	[ko'jar]
kroon (de)	corona (f)	[ko'rona]
kralen snoer (het)	collar (m) de abalorios	[ko'jar de aβa'lʲorjos]
diamant (de)	diamante (m)	[dia'mante]
smaragd (de)	esmeralda (f)	[esme'ralʲda]
robijn (de)	rubí (m)	[ru'βi]
saffier (de)	zafiro (m)	[θa'firo]
parel (de)	perla (f)	['perlʲa]
barnsteen (de)	ámbar (m)	['ambar]

40. Horloges. Klokken

polshorloge (het)	reloj (m)	[re'lʲoχ]
wijzerplaat (de)	esfera (f)	[es'fera]
wijzer (de)	aguja (f)	[a'guχa]
metalen horlogeband (de)	pulsera (f)	[pulʲ'sera]
horlogebandje (het)	correa (f)	[ko'rea]
batterij (de)	pila (f)	['pilʲa]
leeg zijn (ww)	descargarse (vr)	[deskar'garse]
batterij vervangen	cambiar la pila	[kam'bjar lʲa 'pilʲa]
voorlopen (ww)	adelantarse (vr)	[aðelʲan'tarθe]
achterlopen (ww)	retrasarse (vr)	[retra'sarse]
wandklok (de)	reloj (m) de pared	[re'lʲoχ de pa'reð]
zandloper (de)	reloj (m) de arena	[re'lʲoχ de a'rena]
zonnewijzer (de)	reloj (m) de sol	[re'lʲoχ de 'solʲ]
wekker (de)	despertador (m)	[desperta'ðor]
horlogemaker (de)	relojero (m)	[relʲo'χero]
repareren (ww)	reparar (vt)	[repa'rar]

Voedsel. Voeding

vlees (het)	carne (f)	['karne]
kip (de)	gallina (f)	[ga'jina]
kuiken (het)	pollo (m)	['pojo]
eend (de)	pato (m)	['pato]
gans (de)	ganso (m)	['ganso]
wild (het)	caza (f) menor	['kaθa me'nor]
kalkoen (de)	pava (f)	['paβa]
varkensvlees (het)	carne (f) de cerdo	['karne de 'θerðo]
kalfsvlees (het)	carne (f) de ternera	['karne de ter'nera]
schapenvlees (het)	carne (f) de carnero	['karne de kar'nero]
rundvlees (het)	carne (f) de vaca	['karne de 'baka]
konijnenvlees (het)	conejo (m)	[ko'neχo]
worst (de)	salchichón (m)	[salʲ'ʧi'ʧon]
saucijs (de)	salchicha (f)	[salʲ'ʧiʧa]
spek (het)	beicon (m)	['bejkon]
ham (de)	jamón (m)	[χa'mon]
gerookte achterham (de)	jamón (m) fresco	[χa'mon 'fresko]
paté (de)	paté (m)	[pa'te]
lever (de)	hígado (m)	['igaðo]
gehakt (het)	carne (f) picada	['karne pi'kaða]
tong (de)	lengua (f)	['lengua]
ei (het)	huevo (m)	[u'eβo]
eieren (mv.)	huevos (m pl)	[u'eβos]
eiwit (het)	clara (f)	['klʲara]
eigeel (het)	yema (f)	['jema]
vis (de)	pescado (m)	[pes'kaðo]
zeevruchten (mv.)	mariscos (m pl)	[ma'riskos]
schaaldieren (mv.)	crustáceos (m pl)	[krus'taθeos]
kaviaar (de)	caviar (m)	[ka'βjar]
krab (de)	cangrejo (m) de mar	[kan'greχo de 'mar]
garnaal (de)	camarón (m)	[kama'ron]
oester (de)	ostra (f)	['ostra]
langoest (de)	langosta (f)	[lʲan'gosta]
octopus (de)	pulpo (m)	['pulʲpo]
inktvis (de)	calamar (m)	[kalʲa'mar]
steur (de)	esturión (m)	[estu'rjon]
zalm (de)	salmón (m)	[salʲ'mon]
heilbot (de)	fletán (m)	[fle'tan]
kabeljauw (de)	bacalao (m)	[baka'lʲao]

makreel (de)	caballa (f)	[ka'βaja]
tonijn (de)	atún (m)	[a'tun]
paling (de)	anguila (f)	[an'giˡa]

forel (de)	trucha (f)	['trutʃa]
sardine (de)	sardina (f)	[sar'ðina]
snoek (de)	lucio (m)	['lˡuθio]
haring (de)	arenque (m)	[a'reŋke]

brood (het)	pan (m)	[pan]
kaas (de)	queso (m)	['keso]
suiker (de)	azúcar (m)	[a'θukar]
zout (het)	sal (f)	[salˡ]

rijst (de)	arroz (m)	[a'roθ]
pasta (de)	macarrones (m pl)	[maka'rones]
noedels (mv.)	tallarines (m pl)	[taja'rines]

boter (de)	mantequilla (f)	[mante'kija]
plantaardige olie (de)	aceite (m) vegetal	[a'θejte beχe'talˡ]
zonnebloemolie (de)	aceite (m) de girasol	[a'θejte de χira'solˡ]
margarine (de)	margarina (f)	[marga'rina]

| olijven (mv.) | olivas, aceitunas (f pl) | [o'liβas], [aθei'tunas] |
| olijfolie (de) | aceite (m) de oliva | [a'θejte de o'liβa] |

melk (de)	leche (f)	['letʃe]
gecondenseerde melk (de)	leche (f) condensada	['letʃe konden'saða]
yoghurt (de)	yogur (m)	[jo'gur]
zure room (de)	nata (f) agria	['nata 'aɣria]
room (de)	nata (f) líquida	['nata 'likiða]

| mayonaise (de) | mayonesa (f) | [majo'nesa] |
| crème (de) | crema (f) de mantequilla | ['krema de mante'kija] |

graan (het)	cereales (m pl) integrales	[θere'ales inte'ɣrales]
meel (het), bloem (de)	harina (f)	[a'rina]
conserven (mv.)	conservas (f pl)	[kon'serβas]

maïsvlokken (mv.)	copos (m pl) de maíz	['kopos de ma'iθ]
honing (de)	miel (f)	[mjelˡ]
jam (de)	confitura (f)	[koɱfi'tura]
kauwgom (de)	chicle (m)	['tʃikle]

42. Drankjes

water (het)	agua (f)	['agua]
drinkwater (het)	agua (f) potable	['agua po'taβle]
mineraalwater (het)	agua (f) mineral	['agua mine'ralˡ]

zonder gas	sin gas	[sin 'gas]
koolzuurhoudend (bn)	gaseoso (adj)	[gase'oso]
bruisend (bn)	con gas	[kon 'gas]
ijs (het)	hielo (m)	['jelˡo]

45

met ijs	con hielo	[kon 'jeⁱo]
alcohol vrij (bn)	sin alcohol	[sin alⁱko'olⁱ]
alcohol vrije drank (de)	bebida (f) sin alcohol	[be'βiða sin alⁱko'olⁱ]
frisdrank (de)	refresco (m)	[re'fresko]
limonade (de)	limonada (f)	[limo'naða]

alcoholische dranken (mv.)	bebidas (f pl) alcohólicas	[be'βiðas alⁱko'olikas]
wijn (de)	vino (m)	['bino]
witte wijn (de)	vino (m) blanco	['bino 'blⁱaŋko]
rode wijn (de)	vino (m) tinto	['bino 'tinto]

likeur (de)	licor (m)	[li'kor]
champagne (de)	champaña (f)	[ʧam'panja]
vermout (de)	vermú (m)	[ber'mu]

whisky (de)	whisky (m)	['wiski]
wodka (de)	vodka (m)	['boðka]
gin (de)	ginebra (f)	[χi'neβra]
cognac (de)	coñac (m)	[ko'njak]
rum (de)	ron (m)	[ron]

koffie (de)	café (m)	[ka'fe]
zwarte koffie (de)	café (m) solo	[ka'fe 'solⁱo]
koffie (de) met melk	café (m) con leche	[ka'fe kon 'leʧe]
cappuccino (de)	capuchino (m)	[kapu'ʧino]
oploskoffie (de)	café (m) soluble	[ka'fe so'lⁱuβle]

melk (de)	leche (f)	['leʧe]
cocktail (de)	cóctel (m)	['koktelⁱ]
milkshake (de)	batido (m)	[ba'tiðo]

sap (het)	zumo (m), jugo (m)	['θumo], ['χugo]
tomatensap (het)	jugo (m) de tomate	['χugo de to'mate]
sinaasappelsap (het)	zumo (m) de naranja	['θumo de na'ranχa]
vers geperst sap (het)	zumo (m) fresco	['θumo 'fresko]

bier (het)	cerveza (f)	[θer'βeθa]
licht bier (het)	cerveza (f) rubia	[θer'βeθa 'ruβia]
donker bier (het)	cerveza (f) negra	[θer'βeθa 'neɣra]

thee (de)	té (m)	[te]
zwarte thee (de)	té (m) negro	['te 'neɣro]
groene thee (de)	té (m) verde	['te 'berðe]

43. Groenten

groenten (mv.)	legumbres (f pl)	[le'gumbres]
verse kruiden (mv.)	verduras (f pl)	[ber'ðuras]

tomaat (de)	tomate (m)	[to'mate]
augurk (de)	pepino (m)	[pe'pino]
wortel (de)	zanahoria (f)	[θana'oria]
aardappel (de)	patata (f)	[pa'tata]
ui (de)	cebolla (f)	[θe'βoja]

knoflook (de)	ajo (m)	['aχo]
kool (de)	col (f)	[kolʲ]
bloemkool (de)	coliflor (f)	[koli'flʲor]
spruitkool (de)	col (f) de Bruselas	[kolʲ de bru'selʲas]
broccoli (de)	brócoli (m)	['brokoli]

rode biet (de)	remolacha (f)	[remo'lʲatʃa]
aubergine (de)	berenjena (f)	[beren'χena]
courgette (de)	calabacín (m)	[kalʲaβa'θin]
pompoen (de)	calabaza (f)	[kalʲa'βaθa]
raap (de)	nabo (m)	['naβo]

peterselie (de)	perejil (m)	[pere'χilʲ]
dille (de)	eneldo (m)	[e'nelʲdo]
sla (de)	lechuga (f)	[le'tʃuga]
selderij (de)	apio (m)	['apio]
asperge (de)	espárrago (m)	[es'parago]
spinazie (de)	espinaca (f)	[espi'naka]

erwt (de)	guisante (m)	[gi'sante]
bonen (mv.)	habas (f pl)	['aβas]
maïs (de)	maíz (m)	[ma'iθ]
nierboon (de)	fréjol (m)	['freχolʲ]

peper (de)	pimiento (m) dulce	[pi'mjento 'dulθe]
radijs (de)	rábano (m)	['raβano]
artisjok (de)	alcachofa (f)	[alʲka'tʃofa]

44. Vruchten. Noten

vrucht (de)	fruto (m)	['fruto]
appel (de)	manzana (f)	[man'θana]
peer (de)	pera (f)	['pera]
citroen (de)	limón (m)	[li'mon]
sinaasappel (de)	naranja (f)	[na'ranχa]
aardbei (de)	fresa (f)	['fresa]

mandarijn (de)	mandarina (f)	[manda'rina]
pruim (de)	ciruela (f)	[θiru'elʲa]
perzik (de)	melocotón (m)	[melʲoko'ton]
abrikoos (de)	albaricoque (m)	[alʲβari'koke]
framboos (de)	frambuesa (f)	[frambu'esa]
ananas (de)	piña (f)	['pinja]

banaan (de)	banana (f)	[ba'nana]
watermeloen (de)	sandía (f)	[san'dia]
druif (de)	uva (f)	['uβa]
zure kers (de)	guinda (f)	['ginda]
zoete kers (de)	cereza (f)	[θe'reθa]
meloen (de)	melón (m)	[me'lʲon]

grapefruit (de)	pomelo (m)	[po'melʲo]
avocado (de)	aguacate (m)	[agua'kate]
papaja (de)	papaya (f)	[pa'paja]

mango (de)	mango (m)	['mango]
granaatappel (de)	granada (f)	[gra'naða]

rode bes (de)	grosella (f) roja	[gro'seja 'roχa]
zwarte bes (de)	grosella (f) negra	[gro'seja 'neɣra]
kruisbes (de)	grosella (f) espinosa	[gro'seja espi'nosa]
blauwe bosbes (de)	arándano (m)	[a'randano]
braambes (de)	zarzamoras (f pl)	[θarθa'moras]

rozijn (de)	pasas (f pl)	['pasas]
vijg (de)	higo (m)	['iɣo]
dadel (de)	dátil (m)	['datilʲ]

pinda (de)	cacahuete (m)	[kakau'ete]
amandel (de)	almendra (f)	[alʲ'mendra]
walnoot (de)	nuez (f)	[nu'eθ]
hazelnoot (de)	avellana (f)	[aβe'jana]
kokosnoot (de)	nuez (f) de coco	[nu'eθ de 'koko]
pistaches (mv.)	pistachos (m pl)	[pis'tatʃos]

45. Brood. Snoep

suikerbakkerij (de)	pasteles (m pl)	[pas'teles]
brood (het)	pan (m)	[pan]
koekje (het)	galletas (f pl)	[ga'jetas]

chocolade (de)	chocolate (m)	[tʃoko'lʲate]
chocolade- (abn)	de chocolate (adj)	[de tʃoko'lʲate]
snoepje (het)	caramelo (m)	[kara'melʲo]
cakeje (het)	mini tarta (f)	['mini 'tarta]
taart (bijv. verjaardags~)	tarta (f)	['tarta]

pastei (de)	tarta (f)	['tarta]
vulling (de)	relleno (m)	[re'jeno]

confituur (de)	confitura (f)	[komfi'tura]
marmelade (de)	mermelada (f)	[merme'lʲaða]
wafel (de)	gofre (m)	['gofre]
ijsje (het)	helado (m)	[e'lʲaðo]
pudding (de)	pudin (m)	['puðin]

46. Bereide gerechten

gerecht (het)	plato (m)	['plʲato]
keuken (bijv. Franse ~)	cocina (f)	[ko'θina]
recept (het)	receta (f)	[re'θeta]
portie (de)	porción (f)	[por'θjon]

salade (de)	ensalada (f)	[ensa'lʲaða]
soep (de)	sopa (f)	['sopa]
bouillon (de)	caldo (m)	['kalʲdo]
boterham (de)	bocadillo (m)	[boka'ðijo]

spiegelei (het)	huevos (m pl) fritos	[u'eβos 'fritos]
hamburger (de)	hamburguesa (f)	[ambur'gesa]
biefstuk (de)	bistec (m)	[bis'tek]

garnering (de)	guarnición (f)	[guarni'θjon]
spaghetti (de)	espagueti (m)	[espa'geti]
aardappelpuree (de)	puré (m) de patatas	[pu're de pa'tatas]
pizza (de)	pizza (f)	['pitsa]
pap (de)	gachas (f pl)	['gatʃas]
omelet (de)	tortilla (f) francesa	[tor'tija fran'θesa]

gekookt (in water)	cocido en agua (adj)	[ko'θiðo en 'agua]
gerookt (bn)	ahumado (adj)	[au'maðo]
gebakken (bn)	frito (adj)	['frito]
gedroogd (bn)	seco (adj)	['seko]
diepvries (bn)	congelado (adj)	[konχe'lʲaðo]
gemarineerd (bn)	marinado (adj)	[mari'naðo]

zoet (bn)	azucarado, dulce (adj)	[aθuka'raðo], ['dulʲθe]
gezouten (bn)	salado (adj)	[sa'lʲaðo]
koud (bn)	frío (adj)	['frio]
heet (bn)	caliente (adj)	[ka'ljente]
bitter (bn)	amargo (adj)	[a'margo]
lekker (bn)	sabroso (adj)	[sa'βroso]

koken (in kokend water)	cocer (vt) en agua	[ko'θer en 'agua]
bereiden (avondmaaltijd ~)	preparar (vt)	[prepa'rar]
bakken (ww)	freír (vt)	[fre'ir]
opwarmen (ww)	calentar (vt)	[kalen'tar]

zouten (ww)	salar (vt)	[sa'lʲar]
peperen (ww)	poner pimienta	[po'ner pi'mjenta]
raspen (ww)	rallar (vt)	[ra'jar]
schil (de)	piel (f)	[pjelʲ]
schillen (ww)	pelar (vt)	[pe'lʲar]

47. Kruiden

zout (het)	sal (f)	[salʲ]
gezouten (bn)	salado (adj)	[sa'lʲaðo]
zouten (ww)	salar (vt)	[sa'lʲar]

zwarte peper (de)	pimienta (f) negra	[pi'mjenta 'neɣra]
rode peper (de)	pimienta (f) roja	[pi'mjenta 'roχa]
mosterd (de)	mostaza (f)	[mos'taθa]
mierikswortel (de)	rábano (m) picante	['raβano pi'kante]

condiment (het)	condimento (m)	[kondi'mento]
specerij, kruiderij (de)	especia (f)	[es'peθia]
saus (de)	salsa (f)	['salʲsa]
azijn (de)	vinagre (m)	[bi'naɣre]

anijs (de)	anís (m)	[a'nis]
basilicum (de)	albahaca (f)	[alʲβa'aka]

kruidnagel (de)	clavo (m)	['kliaβo]
gember (de)	jengibre (m)	[χen'χiβre]
koriander (de)	cilantro (m)	[θi'liantro]
kaneel (de/het)	canela (f)	[ka'nelia]

sesamzaad (het)	sésamo (m)	['sesamo]
laurierblad (het)	hoja (f) de laurel	['oχa de liau'reli]
paprika (de)	paprika (f)	[pap'rika]
komijn (de)	comino (m)	[ko'mino]
saffraan (de)	azafrán (m)	[aθa'fran]

48. Maaltijden

eten (het)	comida (f)	[ko'miða]
eten (ww)	comer (vi, vt)	[ko'mer]

ontbijt (het)	desayuno (m)	[desa'juno]
ontbijten (ww)	desayunar (vi)	[desaju'nar]
lunch (de)	almuerzo (m)	[ali mu'erθo]
lunchen (ww)	almorzar (vi)	[alimor'θar]
avondeten (het)	cena (f)	['θena]
souperen (ww)	cenar (vi)	[θe'nar]

eetlust (de)	apetito (m)	[ape'tito]
Eet smakelijk!	¡Que aproveche!	[ke apro'βetʃe]

openen (een fles ~)	abrir (vt)	[a'βrir]
morsen (koffie, enz.)	derramar (vt)	[dera'mar]
zijn gemorst	derramarse (vr)	[dera'marse]

koken (water kookt bij 100°C)	hervir (vi)	[er'βir]
koken (Hoe om water te ~)	hervir (vt)	[er'βir]
gekookt (~ water)	hervido (adj)	[er'βiðo]

afkoelen (koeler maken)	enfriar (vt)	[eɱfri'ar]
afkoelen (koeler worden)	enfriarse (vr)	[eɱfri'arse]

smaak (de)	sabor (m)	[sa'βor]
nasmaak (de)	regusto (m)	[re'gusto]

volgen een dieet	adelgazar (vi)	[aðeliga'θar]
dieet (het)	dieta (f)	[di'eta]
vitamine (de)	vitamina (f)	[bita'mina]
calorie (de)	caloría (f)	[kalio'ria]

vegetariër (de)	vegetariano (m)	[beχeta'rjano]
vegetarisch (bn)	vegetariano (adj)	[beχeta'rjano]

vetten (mv.)	grasas (f pl)	['grasas]
eiwitten (mv.)	proteínas (f pl)	[prote'inas]
koolhydraten (mv.)	carbohidratos (m pl)	[karβoi'ðratos]
snede (de)	loncha (f)	['liontʃa]
stuk (bijv. een ~ taart)	pedazo (m)	[pe'ðaθo]
kruimel (de)	miga (f)	['miga]

49. Tafelschikking

lepel (de)	cuchara (f)	[ku'tʃara]
mes (het)	cuchillo (m)	[ku'tʃijo]
vork (de)	tenedor (m)	[tene'ðor]
kopje (het)	taza (f)	['taθa]
bord (het)	plato (m)	['plʲato]
schoteltje (het)	platillo (m)	[plʲa'tijo]
servet (het)	servilleta (f)	[serβi'jeta]
tandenstoker (de)	mondadientes (m)	[monda'ðjentes]

50. Restaurant

restaurant (het)	restaurante (m)	[restau'rante]
koffiehuis (het)	cafetería (f)	[kafete'ria]
bar (de)	bar (m)	[bar]
tearoom (de)	salón (m) de té	[sa'lʲon de 'te]
kelner, ober (de)	camarero (m)	[kama'rero]
serveerster (de)	camarera (f)	[kama'rera]
barman (de)	barman (m)	['barman]
menu (het)	carta (f), menú (m)	['karta], [me'nu]
wijnkaart (de)	carta (f) de vinos	['karta de 'binos]
een tafel reserveren	reservar una mesa	[reser'βar 'una 'mesa]
gerecht (het)	plato (m)	['plʲato]
bestellen (eten ~)	pedir (vt)	[pe'ðir]
een bestelling maken	hacer un pedido	[a'θer un pe'ðiðo]
aperitief (de/het)	aperitivo (m)	[aperi'tiβo]
voorgerecht (het)	entremés (m)	[entre'mes]
dessert (het)	postre (m)	['postre]
rekening (de)	cuenta (f)	[ku'enta]
de rekening betalen	pagar la cuenta	[pa'gar lʲa ku'enta]
wisselgeld teruggeven	dar la vuelta	['dar lʲa bu'elta]
fooi (de)	propina (f)	[pro'pina]

Familie, verwanten en vrienden

51. Persoonlijke informatie. Formulieren

naam (de)	nombre (m)	['nombre]
achternaam (de)	apellido (m)	[ape'jiðo]
geboortedatum (de)	fecha (f) de nacimiento	['fetʃa de naθi'mjento]
geboorteplaats (de)	lugar (m) de nacimiento	[lʲu'gar de naθi'mjento]
nationaliteit (de)	nacionalidad (f)	[naθjonali'ðað]
woonplaats (de)	domicilio (m)	[domi'θilio]
land (het)	país (m)	[pa'is]
beroep (het)	profesión (f)	[profe'sjon]
geslacht (ov. het vrouwelijk ~)	sexo (m)	['sekso]
lengte (de)	estatura (f)	[esta'tura]
gewicht (het)	peso (m)	['peso]

52. Familieleden. Verwanten

moeder (de)	madre (f)	['maðre]
vader (de)	padre (m)	['paðre]
zoon (de)	hijo (m)	['iχo]
dochter (de)	hija (f)	['iχa]
jongste dochter (de)	hija (f) menor	['iχa me'nor]
jongste zoon (de)	hijo (m) menor	['iχo me'nor]
oudste dochter (de)	hija (f) mayor	['iχa ma'jor]
oudste zoon (de)	hijo (m) mayor	['iχo ma'jor]
broer (de)	hermano (m)	[er'mano]
oudere broer (de)	hermano (m) mayor	[er'mano ma'jor]
jongere broer (de)	hermano (m) menor	[er'mano me'nor]
zuster (de)	hermana (f)	[er'mana]
oudere zuster (de)	hermana (f) mayor	[er'mana ma'jor]
jongere zuster (de)	hermana (f) menor	[er'mana me'nor]
neef (zoon van oom, tante)	primo (m)	['primo]
nicht (dochter van oom, tante)	prima (f)	['prima]
mama (de)	mamá (f)	[ma'ma]
papa (de)	papá (m)	[pa'pa]
ouders (mv.)	padres (pl)	['paðres]
kind (het)	niño (m), niña (f)	['ninjo], ['ninja]
kinderen (mv.)	niños (pl)	['ninjos]
oma (de)	abuela (f)	[aβu'elʲa]
opa (de)	abuelo (m)	[aβu'elʲo]

kleinzoon (de)	nieto (m)	['njeto]
kleindochter (de)	nieta (f)	['njeta]
kleinkinderen (mv.)	nietos (pl)	['njetos]

oom (de)	tío (m)	['tio]
tante (de)	tía (f)	['tia]
neef (zoon van broer, zus)	sobrino (m)	[so'βrino]
nicht (dochter van broer, zus)	sobrina (f)	[so'βrina]

schoonmoeder (de)	suegra (f)	[su'eɣra]
schoonvader (de)	suegro (m)	[su'eɣro]
schoonzoon (de)	yerno (m)	['jerno]
stiefmoeder (de)	madrastra (f)	[ma'ðrastra]
stiefvader (de)	padrastro (m)	[pa'ðrastro]

zuigeling (de)	niño (m) de pecho	['ninjo de 'peʧo]
wiegenkind (het)	bebé (m)	[be'βe]
kleuter (de)	chico (m)	['ʧiko]

vrouw (de)	mujer (f)	[mu'χer]
man (de)	marido (m)	[ma'riðo]
echtgenoot (de)	esposo (m)	[es'poso]
echtgenote (de)	esposa (f)	[es'posa]

gehuwd (mann.)	casado (adj)	[ka'saðo]
gehuwd (vrouw.)	casada (adj)	[ka'saða]
ongehuwd (mann.)	soltero (adj)	[solⁱ'tero]
vrijgezel (de)	soltero (m)	[solⁱ'tero]
gescheiden (bn)	divorciado (adj)	[diβor'θjaðo]
weduwe (de)	viuda (f)	['bjuða]
weduwnaar (de)	viudo (m)	['bjuðo]

familielid (het)	pariente (m)	[pa'rjente]
dichte familielid (het)	pariente (m) cercano	[pa'rjente θer'kano]
verre familielid (het)	pariente (m) lejano	[pa'rjente le'χano]
familieleden (mv.)	parientes (pl)	[pa'rjentes]

wees (weesjongen)	huérfano (m)	[u'erfano]
wees (weesmeisje)	huérfana (f)	[u'erfana]
voogd (de)	tutor (m)	[tu'tor]
adopteren (een jongen te ~)	adoptar, ahijar (vt)	[aðop'tar], [ai'χar]
adopteren (een meisje te ~)	adoptar, ahijar (vt)	[aðop'tar], [ai'χar]

53. Vrienden. Collega's

vriend (de)	amigo (m)	[a'migo]
vriendin (de)	amiga (f)	[a'miga]
vriendschap (de)	amistad (f)	[amis'tað]
bevriend zijn (ww)	ser amigo	[ser a'migo]

makker (de)	amigote (m)	[ami'gote]
vriendin (de)	amiguete (f)	[ami'gete]
partner (de)	compañero (m)	[kompa'njero]
chef (de)	jefe (m)	['χefe]

baas (de)	superior (m)	[supe'rjor]
eigenaar (de)	propietario (m)	[propje'tario]
ondergeschikte (de)	subordinado (m)	[suβorði'naðo]
collega (de)	colega (m, f)	[ko'lega]

kennis (de)	conocido (m)	[kono'θiðo]
medereiziger (de)	compañero (m) de viaje	[kompa'njero de 'bjaχe]
klasgenoot (de)	condiscípulo (m)	[kondi'θipulᵢo]

buurman (de)	vecino (m)	[be'θino]
buurvrouw (de)	vecina (f)	[be'θina]
buren (mv.)	vecinos (pl)	[be'θinos]

54. Man. Vrouw

vrouw (de)	mujer (f)	[mu'χer]
meisje (het)	muchacha (f)	[mu'ʧaʧa]
bruid (de)	novia (f)	['noβia]

mooi(e) (vrouw, meisje)	guapa (adj)	[gu'apa]
groot, grote (vrouw, meisje)	alta (adj)	['alᵢta]
slank(e) (vrouw, meisje)	esbelta (adj)	[es'βelᵢta]
korte, kleine (vrouw, meisje)	de estatura mediana	[de esta'tura me'ðjana]

blondine (de)	rubia (f)	['ruβia]
brunette (de)	morena (f)	[mo'rena]

dames- (abn)	de señora (adj)	[de se'njora]
maagd (de)	virgen (f)	['birχen]
zwanger (bn)	embarazada (adj)	[embara'θaða]

man (de)	hombre (m)	['ombre]
blonde man (de)	rubio (m)	['ruβio]
bruinharige man (de)	moreno (m)	[mo'reno]
groot (bn)	alto (adj)	['alᵢto]
klein (bn)	de estatura mediana	[de esta'tura me'ðjana]

onbeleefd (bn)	grosero (adj)	[gro'sero]
gedrongen (bn)	rechoncho (adj)	[re'ʧonʧo]
robuust (bn)	robusto (adj)	[ro'βusto]
sterk (bn)	fuerte (adj)	[fu'erte]
sterkte (de)	fuerza (f)	[fu'erθa]

mollig (bn)	gordo (adj)	['gorðo]
getaand (bn)	moreno (adj)	[mo'reno]
slank (bn)	esbelto (adj)	[es'βelᵢto]
elegant (bn)	elegante (adj)	[ele'gante]

55. Leeftijd

leeftijd (de)	edad (f)	[e'ðað]
jeugd (de)	juventud (f)	[χuβen'tuð]

jong (bn)	joven (adj)	['χoβen]
jonger (bn)	menor (adj)	[me'nor]
ouder (bn)	mayor (adj)	[ma'jor]

jongen (de)	joven (m)	['χoβen]
tiener, adolescent (de)	adolescente (m)	[aðole'θente]
kerel (de)	muchacho (m)	[mu'ʧaʧo]

oude man (de)	anciano (m)	[an'θjano]
oude vrouw (de)	anciana (f)	[an'θjana]

volwassen (bn)	adulto	[a'ðulʲto]
van middelbare leeftijd (bn)	de edad media (adj)	[de e'ðað 'meðia]
bejaard (bn)	anciano, mayor (adj)	[an'θjano], [ma'jor]
oud (bn)	viejo (adj)	['bjeχo]

pensioen (het)	jubilación (f)	[χuβilʲa'θjon]
met pensioen gaan	jubilarse (vr)	[χuβi'lʲarse]
gepensioneerde (de)	jubilado (m)	[χuβi'lʲaðo]

56. Kinderen

kind (het)	niño (m), niña (f)	['ninjo], ['ninja]
kinderen (mv.)	niños (pl)	['ninjos]
tweeling (de)	gemelos (pl)	[χe'melʲos]

wieg (de)	cuna (f)	['kuna]
rammelaar (de)	sonajero (m)	[sona'χero]
luier (de)	pañal (m)	[pa'njalʲ]

speen (de)	chupete (m)	[ʧu'pete]
kinderwagen (de)	cochecito (m)	[koʧe'θito]
kleuterschool (de)	jardín (m) de infancia	[χar'ðin de iɲ'fanθia]
babysitter (de)	niñera (f)	[ni'njera]

kindertijd (de)	infancia (f)	[iɲ'fanθia]
pop (de)	muñeca (f)	[mu'njeka]
speelgoed (het)	juguete (m)	[χu'gete]
bouwspeelgoed (het)	mecano (m)	[me'kano]
welopgevoed (bn)	bien criado (adj)	[bjen kri'aðo]
onopgevoed (bn)	mal criado (adj)	[malʲ kri'aðo]
verwend (bn)	mimado (adj)	[mi'maðo]

stout zijn (ww)	hacer travesuras	[a'θer traβe'suras]
stout (bn)	travieso (adj)	[tra'βjeso]
stoutheid (de)	travesura (f)	[traβe'sura]
stouterd (de)	travieso (m)	[tra'βjeso]

gehoorzaam (bn)	obediente (adj)	[oβe'ðjente]
ongehoorzaam (bn)	desobediente (adj)	[desoβe'ðjente]

braaf (bn)	dócil (adj)	['doθilʲ]
slim (verstandig)	inteligente (adj)	[inteli'χente]
wonderkind (het)	niño (m) prodigio	['ninjo pro'ðiχio]

57. Gehuwde paren. Gezinsleven

kussen (een kus geven)	besar (vt)	[be'sar]
elkaar kussen (ww)	besarse (vr)	[be'sarse]
gezin (het)	familia (f)	[fa'milia]
gezins- (abn)	familiar (adj)	[fami'ljar]
paar (het)	pareja (f)	[pa'reχa]
huwelijk (het)	matrimonio (m)	[matri'monio]
thuis (het)	hogar (m) familiar	[o'gar fami'ljar]
dynastie (de)	dinastía (f)	[dinas'tia]
date (de)	cita (f)	['θita]
zoen (de)	beso (m)	['beso]
liefde (de)	amor (m)	[a'mor]
liefhebben (ww)	querer (vt)	[ke'rer]
geliefde (bn)	querido (adj)	[ke'riðo]
tederheid (de)	ternura (f)	[ter'nura]
teder (bn)	tierno (adj)	['tjerno]
trouw (de)	fidelidad (f)	[fiðeli'ðað]
trouw (bn)	fiel (adj)	['fjelʲ]
zorg (bijv. bejaarden~)	cuidado (m)	[kui'ðaðo]
zorgzaam (bn)	cariñoso (adj)	[kari'njoso]
jonggehuwden (mv.)	recién casados (pl)	[re'θjen ka'saðos]
wittebroodsweken (mv.)	luna (f) de miel	['lʲuna de mjelʲ]
trouwen (vrouw)	estar casada	[es'tar ka'saða]
trouwen (man)	casarse (vr)	[ka'sarse]
bruiloft (de)	boda (f)	['boða]
gouden bruiloft (de)	bodas (f pl) de oro	['boðas de 'oro]
verjaardag (de)	aniversario (m)	[aniβer'sario]
minnaar (de)	amante (m)	[a'mante]
minnares (de)	amante (f)	[a'mante]
overspel (het)	adulterio (m)	[aðulʲ'terio]
overspel plegen (ww)	cometer adulterio	[kome'ter aðulʲ'terio]
jaloers (bn)	celoso (adj)	[θe'lʲoso]
jaloers zijn (echtgenoot, enz.)	tener celos	[te'ner 'θelʲos]
echtscheiding (de)	divorcio (m)	[di'βorθio]
scheiden (ww)	divorciarse (vr)	[diβor'θjarse]
ruzie hebben (ww)	reñir (vi)	[re'njir]
vrede sluiten (ww)	reconciliarse (vr)	[rekonθi'ljarse]
samen (bw)	juntos (adv)	['χuntos]
seks (de)	sexo (m)	['sekso]
geluk (het)	felicidad (f)	[feliθi'ðað]
gelukkig (bn)	feliz (adj)	[fe'liθ]
ongeluk (het)	desgracia (f)	[des'γraθia]
ongelukkig (bn)	desgraciado (adj)	[desγra'θjaðo]

Karakter. Gevoelens. Emoties

58. Gevoelens. Emoties

gevoel (het)	sentimiento (m)	[senti'mjento]
gevoelens (mv.)	sentimientos (m pl)	[senti'mjentos]
voelen (ww)	sentir (vt)	[sen'tir]
honger (de)	hambre (f)	['ambre]
honger hebben (ww)	tener hambre	[te'ner 'ambre]
dorst (de)	sed (f)	[seð]
dorst hebben	tener sed	[te'ner 'seð]
slaperigheid (de)	somnolencia (f)	[somno'lenθia]
willen slapen	tener sueño	[te'ner su'enjo]
moeheid (de)	cansancio (m)	[kan'sanθio]
moe (bn)	cansado (adj)	[kan'saðo]
vermoeid raken (ww)	estar cansado	[es'tar kan'saðo]
stemming (de)	humor (m)	[u'mor]
verveling (de)	aburrimiento (m)	[aβuri'mjento]
zich vervelen (ww)	aburrirse (vr)	[aβu'rirse]
afzondering (de)	soledad (f)	[sole'ðað]
zich afzonderen (ww)	aislarse (vr)	[ais'lʲarse]
bezorgd maken	inquietar (vt)	[inkje'tar]
bezorgd zijn (ww)	inquietarse (vr)	[inkje'tarse]
zorg (bijv. geld~en)	inquietud (f)	[inkje'tuð]
ongerustheid (de)	preocupación (f)	[preokupa'θjon]
ongerust (bn)	preocupado (adj)	[preoku'paðo]
zenuwachtig zijn (ww)	estar nervioso	[es'tar ner'βjoso]
in paniek raken	darse al pánico	['darse alʲ 'paniko]
hoop (de)	esperanza (f)	[espe'ranθa]
hopen (ww)	esperar (vi)	[espe'rar]
zekerheid (de)	seguridad (f)	[seguri'ðað]
zeker (bn)	seguro (adj)	[se'guro]
onzekerheid (de)	inseguridad (f)	[inseguri'ðað]
onzeker (bn)	inseguro (adj)	[inse'guro]
dronken (bn)	borracho (adj)	[bo'ratʃo]
nuchter (bn)	sobrio (adj)	['soβrio]
zwak (bn)	débil (adj)	['deβilʲ]
gelukkig (bn)	feliz (adj)	[fe'liθ]
doen schrikken (ww)	asustar (vt)	[asus'tar]
toorn (de)	furia (f)	['furia]
woede (de)	rabia (f)	['raβia]
depressie (de)	depresión (f)	[depre'sjon]
ongemak (het)	incomodidad (f)	[iŋkomoðiˈðað]

gemak, comfort (het)	comodidad (f)	[komoði'ðað]
spijt hebben (ww)	arrepentirse (vr)	[arepen'tirse]
spijt (de)	arrepentimiento (m)	[arepenti'mjento]
pech (de)	mala suerte (f)	['malʲa su'erte]
bedroefdheid (de)	tristeza (f)	[tris'teθa]

schaamte (de)	vergüenza (f)	[berɣu'enθa]
pret (de), plezier (het)	júbilo (m)	['χuβilʲo]
enthousiasme (het)	entusiasmo (m)	[entu'sjasmo]
enthousiasteling (de)	entusiasta (m)	[entu'sjasta]
enthousiasme vertonen	mostrar entusiasmo	[mos'trar entu'sjasmo]

59. Karakter. Persoonlijkheid

karakter (het)	carácter (m)	[ka'rakter]
karakterfout (de)	defecto (m)	[de'fekto]
verstand (het)	mente (f)	['mente]
rede (de)	razón (f)	[ra'θon]

geweten (het)	consciencia (f)	[kon'θjenθia]
gewoonte (de)	hábito (m)	['aβito]
bekwaamheid (de)	habilidad (f)	[aβili'ðað]
kunnen (bijv., ~ zwemmen)	poder (vt)	[po'ðer]

geduldig (bn)	paciente (adj)	[pa'θjente]
ongeduldig (bn)	impaciente (adj)	[impa'θjente]
nieuwsgierig (bn)	curioso (adj)	[ku'rjoso]
nieuwsgierigheid (de)	curiosidad (f)	[ku'rjosi'ðað]

bescheidenheid (de)	modestia (f)	[mo'ðestia]
bescheiden (bn)	modesto (adj)	[mo'ðesto]
onbescheiden (bn)	inmodesto (adj)	[inmo'ðesto]

luiheid (de)	pereza (f)	[pe'reθa]
lui (bn)	perezoso (adj)	[pere'θoso]
luiwammes (de)	perezoso (m)	[pere'θoso]

sluwheid (de)	astucia (f)	[as'tuθia]
sluw (bn)	astuto (adj)	[as'tuto]
wantrouwen (het)	desconfianza (f)	[deskoɲ'fjanθa]
wantrouwig (bn)	desconfiado (adj)	[deskoɲ'fjaðo]

gulheid (de)	generosidad (f)	[χenerosi'ðað]
gul (bn)	generoso (adj)	[χene'roso]
talentrijk (bn)	talentoso (adj)	[talen'toso]
talent (het)	talento (m)	[ta'lento]

moedig (bn)	valiente (adj)	[ba'ljente]
moed (de)	coraje (m)	[ko'raχe]
eerlijk (bn)	honesto (adj)	[o'nesto]
eerlijkheid (de)	honestidad (f)	[onesti'ðað]

| voorzichtig (bn) | prudente (adj) | [pru'ðente] |
| manhaftig (bn) | valeroso (adj) | [bale'roso] |

ernstig (bn)	serio (adj)	['serio]
streng (bn)	severo (adj)	[se'βero]
resoluut (bn)	decidido (adj)	[deθi'ðiðo]
onzeker, irresoluut (bn)	indeciso (adj)	[inde'θiso]
schuchter (bn)	tímido (adj)	['timiðo]
schuchterheid (de)	timidez (f)	[timi'ðeθ]
vertrouwen (het)	confianza (f)	[koɲ'fjanθa]
vertrouwen (ww)	creer (vt)	[kre'er]
goedgelovig (bn)	confiado (adj)	[koɲ'fjaðo]
oprecht (bw)	sinceramente (adv)	[sinθera'mente]
oprecht (bn)	sincero (adj)	[sin'θero]
oprechtheid (de)	sinceridad (f)	[sinθeri'ðað]
open (bn)	abierto (adj)	[a'βjerto]
rustig (bn)	calmado (adj)	[kalʲ'maðo]
openhartig (bn)	franco (adj)	['fraŋko]
naïef (bn)	ingenuo (adj)	[in'χenuo]
verstrooid (bn)	distraído (adj)	[distra'iðo]
leuk, grappig (bn)	gracioso (adj)	[gra'θjoso]
gierigheid (de)	avaricia (f)	[aβa'riθia]
gierig (bn)	avaro (adj)	[a'βaro]
inhalig (bn)	tacaño (adj)	[ta'kanjo]
kwaad (bn)	malvado (adj)	[malʲ'βaðo]
koppig (bn)	terco (adj)	['terko]
onaangenaam (bn)	desagradable (adj)	[desaɣra'ðaβle]
egoïst (de)	egoísta (m)	[ego'ista]
egoïstisch (bn)	egoísta (adj)	[ego'ista]
lafaard (de)	cobarde (m)	[ko'βarðe]
laf (bn)	cobarde (adj)	[ko'βarðe]

60. Slaap. Dromen

slapen (ww)	dormir (vi)	[dor'mir]
slaap (in ~ vallen)	sueño (m)	[su'enjo]
droom (de)	sueño (m)	[su'enjo]
dromen (in de slaap)	soñar (vi)	[so'njar]
slaperig (bn)	adormilado (adj)	[aðormi'lʲaðo]
bed (het)	cama (f)	['kama]
matras (de)	colchón (m)	[kolʲ'ʧon]
deken (de)	manta (f)	['manta]
kussen (het)	almohada (f)	[alʲmo'aða]
laken (het)	sábana (f)	['saβana]
slapeloosheid (de)	insomnio (m)	[in'somnio]
slapeloos (bn)	de insomnio (adj)	[de in'somnio]
slaapmiddel (het)	somnífero (m)	[som'nifero]
slaapmiddel innemen	tomar el somnífero	[to'mar elʲ som'nifero]
willen slapen	tener sueño	[te'ner su'enjo]

geeuwen (ww)	bostezar (vi)	[boste'θar]
gaan slapen	irse a la cama	['irse a lʲa 'kama]
het bed opmaken	hacer la cama	[a'θer lʲa 'kama]
inslapen (ww)	dormirse (vr)	[dor'mirse]
nachtmerrie (de)	pesadilla (f)	[pesa'ðija]
gesnurk (het)	ronquido (m)	[roŋ'kiðo]
snurken (ww)	roncar (vi)	[roŋ'kar]
wekker (de)	despertador (m)	[desperta'ðor]
wekken (ww)	despertar (vt)	[desper'tar]
wakker worden (ww)	despertarse (vr)	[desper'tarse]
opstaan (ww)	levantarse (vr)	[leβan'tarse]
zich wassen (ww)	lavarse (vr)	[lʲa'βarse]

61. Humor. Gelach. Blijdschap

humor (de)	humor (m)	[u'mor]
gevoel (het) voor humor	sentido (m) del humor	[sen'tiðo delʲ u'mor]
plezier hebben (ww)	divertirse (vr)	[diβer'tirse]
vrolijk (bn)	alegre (adj)	[a'leɣre]
pret (de), plezier (het)	júbilo (m)	['χuβilʲo]
glimlach (de)	sonrisa (f)	[son'risa]
glimlachen (ww)	sonreír (vi)	[sonre'ir]
beginnen te lachen (ww)	echarse a reír	[e'tʃarse a re'ir]
lachen (ww)	reírse (vr)	[re'irse]
lach (de)	risa (f)	['risa]
mop (de)	anécdota (f)	[a'nekðota]
grappig (een ~ verhaal)	gracioso (adj)	[gra'θjoso]
grappig (~e clown)	ridículo (adj)	[ri'ðikulʲo]
grappen maken (ww)	bromear (vi)	[brome'ar]
grap (de)	broma (f)	['broma]
blijheid (de)	alegría (f)	[ale'ɣria]
blij zijn (ww)	alegrarse (vr)	[ale'ɣrarse]
blij (bn)	alegre (adj)	[a'leɣre]

62. Discussie, conversatie. Deel 1

communicatie (de)	comunicación (f)	[komunika'θjon]
communiceren (ww)	comunicarse (vr)	[komuni'karse]
conversatie (de)	conversación (f)	[kombersa'θjon]
dialoog (de)	diálogo (m)	['djalʲogo]
discussie (de)	discusión (f)	[disku'sjon]
debat (het)	debate (m)	[de'βate]
debatteren, twisten (ww)	debatir (vi)	[deβa'tir]
gesprekspartner (de)	interlocutor (m)	[interlʲoku'tor]
thema (het)	tema (m)	['tema]

standpunt (het)	punto (m) de vista	['punto de 'bista]
mening (de)	opinión (f)	[opi'njon]
toespraak (de)	discurso (m)	[dis'kurso]

bespreking (de)	discusión (f)	[disku'sjon]
bespreken (spreken over)	discutir (vt)	[disku'tir]
gesprek (het)	conversación (f)	[kombersa'θjon]
spreken (converseren)	conversar (vi)	[komber'sar]
ontmoeting (de)	reunión (f)	[reu'njon]
ontmoeten (ww)	encontrarse (vr)	[eŋkon'trarse]

spreekwoord (het)	proverbio (m)	[pro'βerβio]
gezegde (het)	dicho (m)	['ditʃo]
raadsel (het)	adivinanza (f)	[aðiβi'nanθa]
een raadsel opgeven	contar una adivinanza	[kon'tar una aðiβi'nanθa]
wachtwoord (het)	contraseña (f)	[kontra'senja]
geheim (het)	secreto (m)	[se'kreto]

eed (de)	juramento (m)	[χura'mento]
zweren (een eed doen)	jurar (vt)	[χu'rar]
belofte (de)	promesa (f)	[pro'mesa]
beloven (ww)	prometer (vt)	[prome'ter]

advies (het)	consejo (m)	[kon'seχo]
adviseren (ww)	aconsejar (vt)	[akonse'χar]
advies volgen (iemands ~)	seguir un consejo	[se'gir un kon'seχo]
luisteren (gehoorzamen)	escuchar (vt)	[esku'tʃar]

nieuws (het)	noticias (f pl)	[no'tiθias]
sensatie (de)	sensación (f)	[sensa'θjon]
informatie (de)	información (f)	[imforma'θjon]
conclusie (de)	conclusión (f)	[koŋklʲu'sjon]
stem (de)	voz (f)	[boθ]
compliment (het)	cumplido (m)	[kum'pliðo]
vriendelijk (bn)	amable (adj)	[a'maβle]

woord (het)	palabra (f)	[pa'lʲaβra]
zin (de), zinsdeel (het)	frase (f)	['frase]
antwoord (het)	respuesta (f)	[respu'esta]

| waarheid (de) | verdad (f) | [ber'ðað] |
| leugen (de) | mentira (f) | [men'tira] |

gedachte (de)	pensamiento (m)	[pensa'mjento]
idee (de/het)	idea (f)	[i'ðea]
fantasie (de)	fantasía (f)	[fanta'sia]

63. Discussie, conversatie. Deel 2

gerespecteerd (bn)	respetado (adj)	[respe'taðo]
respecteren (ww)	respetar (vt)	[respe'tar]
respect (het)	respeto (m)	[res'peto]
Geachte ... (brief)	Estimado ...	[esti'maðo]
voorstellen (Mag ik jullie ~)	presentar (vt)	[presen'tar]

kennismaken (met ...)	conocer a alguien	[kono'θer a 'alⁱgjen]
intentie (de)	intención (f)	[inten'θjon]
intentie hebben (ww)	tener intención de ...	[te'ner inten'θjon de]
wens (de)	deseo (m)	[de'seo]
wensen (ww)	desear (vt)	[dese'ar]

verbazing (de)	sorpresa (f)	[sor'presa]
verbazen (verwonderen)	sorprender (vt)	[sorpren'der]
verbaasd zijn (ww)	sorprenderse (vr)	[sorpren'derse]

geven (ww)	dar (vt)	[dar]
nemen (ww)	tomar (vt)	[to'mar]
teruggeven (ww)	devolver (vt)	[deβolⁱ'βer]
retourneren (ww)	retornar (vt)	[retor'nar]

zich verontschuldigen	disculparse (vr)	[diskulⁱ'parse]
verontschuldiging (de)	disculpa (f)	[dis'kulⁱpa]
vergeven (ww)	perdonar (vt)	[perðo'nar]

spreken (ww)	hablar (vi)	[a'βlⁱar]
luisteren (ww)	escuchar (vt)	[esku'tʃar]
aanhoren (ww)	escuchar hasta el final	[esku'tʃar 'asta elⁱ fi'nalⁱ]
begrijpen (ww)	comprender (vt)	[kompren'der]

tonen (ww)	mostrar (vt)	[mos'trar]
kijken naar ...	mirar a ...	[mi'rar a]
roepen (vragen te komen)	llamar (vt)	[ja'mar]
afleiden (storen)	distraer (vt)	[distra'er]
storen (lastigvallen)	molestar (vt)	[moles'tar]
doorgeven (ww)	pasar (vt)	[pa'sar]

verzoek (het)	petición (f)	[peti'θjon]
verzoeken (ww)	pedir (vt)	[pe'ðir]
eis (de)	exigencia (f)	[eksi'xenθia]
eisen (met klem vragen)	exigir (vt)	[eksi'xir]

beledigen (beledigende namen geven)	motejar (vr)	[mote'xar]
uitlachen (ww)	burlarse (vr)	[bur'lⁱarse]
spot (de)	burla (f)	['burlⁱa]
bijnaam (de)	apodo (m)	[a'poðo]

zinspeling (de)	alusión (f)	[alⁱu'θjon]
zinspelen (ww)	aludir (vi)	[alⁱu'ðir]
impliceren (duiden op)	sobrentender (vt)	['soβrenten'der]

beschrijving (de)	descripción (f)	[deskrip'θjon]
beschrijven (ww)	describir (vt)	[deskri'βir]
lof (de)	elogio (m)	[e'lⁱoxio]
loven (ww)	elogiar (vt)	[elⁱo'xjar]

teleurstelling (de)	decepción (f)	[deθep'θjon]
teleurstellen (ww)	decepcionar (vt)	[deθepθjo'nar]
teleurgesteld zijn (ww)	estar decepcionado	[es'tar deθepθjo'naðo]
veronderstelling (de)	suposición (f)	[suposi'θjon]
veronderstellen (ww)	suponer (vt)	[supo'ner]

waarschuwing (de)	advertencia (f)	[aðβer'tenθia]
waarschuwen (ww)	prevenir (vt)	[preβe'nir]

64. Discussie, conversatie. Deel 3

aanpraten (ww)	convencer (vt)	[komben'θer]
kalmeren (kalm maken)	calmar (vt)	[kalˡ'mar]
stilte (de)	silencio (m)	[si'lenθio]
zwijgen (ww)	no decir nada	[no de'θir 'naða]
fluisteren (ww)	susurrar (vt)	[susu'rar]
gefluister (het)	susurro (m)	[su'suro]
open, eerlijk (bw)	francamente (adv)	[fraŋka'mente]
volgens mij ...	en mi opinión ...	[en mi opi'njon]
detail (het)	detalle (m)	[de'taje]
gedetailleerd (bn)	detallado (adj)	[deta'jaðo]
gedetailleerd (bw)	detalladamente (adv)	[detajaða'mente]
hint (de)	pista (f)	['pista]
een hint geven	dar una pista	[dar 'una 'pista]
blik (de)	mirada (f)	[mi'raða]
een kijkje nemen	echar una mirada	[e'ʧar 'una mi'raða]
strak (een ~ke blik)	fija (adj)	['fiχa]
knipperen (ww)	parpadear (vi)	[parpaðe'ar]
knipogen (ww)	guiñar un ojo	[gi'njar un 'oχo]
knikken (ww)	asentir con la cabeza	[asen'tir kon lˡa ka'βeθa]
zucht (de)	suspiro (m)	[sus'piro]
zuchten (ww)	suspirar (vi)	[suspi'rar]
huiveren (ww)	estremecerse (vr)	[estreme'θerse]
gebaar (het)	gesto (m)	['χesto]
aanraken (ww)	tocar (vt)	[to'kar]
grijpen (ww)	asir (vt)	[a'sir]
een schouderklopje geven	palmear (vt)	[palˡme'ar]
Kijk uit!	¡Cuidado!	[kui'ðaðo]
Echt?	¿De veras?	[de 'beras]
Bent je er zeker van?	¿Estás seguro?	[es'tas se'guro]
Succes!	¡Suerte!	[su'erte]
Juist, ja!	¡Ya veo!	[ja 'beo]
Wat jammer!	¡Es una lástima!	[es 'una 'lˡastima]

65. Overeenstemming. Weigering

instemming (het)	acuerdo (m)	[aku'erðo]
instemmen (akkoord gaan)	estar de acuerdo	[es'tar de aku'erðo]
goedkeuring (de)	aprobación (f)	[aproβa'θjon]
goedkeuren (ww)	aprobar (vt)	[apro'βar]
weigering (de)	rechazo (m)	[re'ʧaθo]

weigeren (ww)	negarse (vr)	[ne'garse]
Geweldig!	¡Excelente!	[ekθe'lente]
Goed!	¡De acuerdo!	[de aku'erðo]
Akkoord!	¡Vale!	['bale]

verboden (bn)	prohibido (adj)	[proi'βiðo]
het is verboden	está prohibido	[es'ta proi'βiðo]
het is onmogelijk	es imposible	[es impo'siβle]
onjuist (bn)	incorrecto (adj)	[iŋko'rekto]

afwijzen (ww)	rechazar (vt)	[retʃa'θar]
steunen	apoyar (vt)	[apo'jar]
(een goed doel, enz.)		
aanvaarden (excuses ~)	aceptar (vt)	[aθep'tar]

bevestigen (ww)	confirmar (vt)	[koɲfir'mar]
bevestiging (de)	confirmación (f)	[koɲfirma'θjon]
toestemming (de)	permiso (m)	[per'miso]
toestaan (ww)	permitir (vt)	[permi'tir]
beslissing (de)	decisión (f)	[deθi'sjon]
z'n mond houden (ww)	no decir nada	[no de'θir 'naða]

voorwaarde (de)	condición (f)	[kondi'θjon]
smoes (de)	excusa (f)	[eks'kusa]
lof (de)	elogio (m)	[e'lˈoχio]
loven (ww)	elogiar (vt)	[elˈo'χjar]

66. Succes. Veel geluk. Mislukking

succes (het)	éxito (m)	['eksito]
succesvol (bw)	con éxito (adv)	[kon 'eksito]
succesvol (bn)	exitoso (adj)	[eksi'toso]

geluk (het)	suerte (f)	[su'erte]
Succes!	¡Suerte!	[su'erte]
geluks- (bn)	de suerte (adj)	[de su'erte]
gelukkig (fortuinlijk)	afortunado (adj)	[afortu'naðo]

mislukking (de)	fiasco (m)	['fjasko]
tegenslag (de)	infortunio (m)	[iɱfor'tunio]
pech (de)	mala suerte (f)	['malˈa su'erte]
zonder succes (bn)	fracasado (adj)	[fraka'saðo]
catastrofe (de)	catástrofe (f)	[ka'tastrofe]

fierheid (de)	orgullo (m)	[or'gujo]
fier (bn)	orgulloso (adj)	[orgu'joso]
fier zijn (ww)	estar orgulloso	[es'tar orgu'joso]

winnaar (de)	ganador (m)	[gana'ðor]
winnen (ww)	ganar (vi)	[ga'nar]
verliezen (ww)	perder (vi)	[per'ðer]
poging (de)	tentativa (f)	[tenta'tiβa]
pogen, proberen (ww)	intentar (vt)	[inten'tar]
kans (de)	chance (f)	['tʃanθe]

67. Ruzies. Negatieve emoties

schreeuw (de)	grito (m)	['grito]
schreeuwen (ww)	gritar (vi)	[gri'tar]
beginnen te schreeuwen	comenzar a gritar	[komen'θar a gri'tar]
ruzie (de)	riña (f)	['rinja]
ruzie hebben (ww)	reñir (vi)	[re'njir]
schandaal (het)	escándalo (m)	[es'kandaljo]
schandaal maken (ww)	causar escándalo	[kau'sar es'kandaljo]
conflict (het)	conflicto (m)	[koɱ'flikto]
misverstand (het)	malentendido (m)	[malenten'diðo]
belediging (de)	insulto (m)	[in'sulʲto]
beledigen	insultar (vt)	[insulʲ'tar]
(met scheldwoorden)		
beledigd (bn)	insultado (adj)	[insulʲ'taðo]
krenking (de)	ofensa (f)	[o'fensa]
krenken (beledigen)	ofender (vt)	[ofen'der]
gekwetst worden (ww)	ofenderse (vr)	[ofen'derse]
verontwaardiging (de)	indignación (f)	[indiɣna'θjon]
verontwaardigd zijn (ww)	indignarse (vr)	[indiɣ'narse]
klacht (de)	queja (f)	['keχa]
klagen (ww)	quejarse (vr)	[ke'χarse]
verontschuldiging (de)	disculpa (f)	[dis'kulʲpa]
zich verontschuldigen	disculparse (vr)	[diskulʲ'parse]
excuus vragen	pedir perdón	[pe'ðir per'ðon]
kritiek (de)	crítica (f)	['kritika]
bekritiseren (ww)	criticar (vt)	[kriti'kar]
beschuldiging (de)	acusación (f)	[akusa'θjon]
beschuldigen (ww)	acusar (vt)	[aku'sar]
wraak (de)	venganza (f)	[ben'ganθa]
wreken (ww)	vengar (vt)	[ben'gar]
wraak nemen (ww)	pagar (vt)	[pa'gar]
minachting (de)	desprecio (m)	[des'preθio]
minachten (ww)	despreciar (vt)	[despre'θjar]
haat (de)	odio (m)	['oðio]
haten (ww)	odiar (vt)	[o'ðjar]
zenuwachtig (bn)	nervioso (adj)	[ner'βjoso]
zenuwachtig zijn (ww)	estar nervioso	[es'tar ner'βjoso]
boos (bn)	enfadado (adj)	[eɱfa'ðaðo]
boos maken (ww)	enfadar (vt)	[eɱfa'ðar]
vernedering (de)	humillación (f)	[umija'θjon]
vernederen (ww)	humillar (vt)	[umi'jar]
zich vernederen (ww)	humillarse (vr)	[umi'jarse]
schok (de)	choque (m)	['ʧoke]
schokken (ww)	chocar (vi)	[ʧo'kar]

onaangenaamheid (de)	molestia (f)	[mo'lestia]
onaangenaam (bn)	desagradable (adj)	[desaɣra'ðaβle]

vrees (de)	miedo (m)	['mjeðo]
vreselijk (bijv. ~ onweer)	terrible (adj)	[te'riβle]
eng (bn)	de miedo (adj)	[de 'mjeðo]
gruwel (de)	horror (m)	[o'ror]
vreselijk (~ nieuws)	horrible (adj)	[o'riβle]

beginnen te beven	empezar a temblar	[empe'θar a tem'blʲar]
huilen (wenen)	llorar (vi)	[jo'rar]
beginnen te huilen (wenen)	comenzar a llorar	[komen'θar a jo'rar]
traan (de)	lágrima (f)	['lʲaɣrima]

schuld (~ geven aan)	culpa (f)	['kulʲpa]
schuldgevoel (het)	remordimiento (m)	[remorði'mjento]
schande (de)	deshonra (f)	[de'sonra]
protest (het)	protesta (f)	[pro'testa]
stress (de)	estrés (m)	[es'tres]

storen (lastigvallen)	molestar (vt)	[moles'tar]
kwaad zijn (ww)	estar furioso	[es'tar fu'rjoθo]
kwaad (bn)	enfadado (adj)	[eɱfa'ðaðo]
beëindigen (een relatie ~)	terminar (vt)	[termi'nar]
vloeken (ww)	regañar (vt)	[rega'njar]

schrikken (schrik krijgen)	asustarse (vr)	[asus'tarse]
slaan (iemand ~)	golpear (vt)	[golʲpe'ar]
vechten (ww)	pelear (vi)	[pele'ar]

regelen (conflict)	resolver (vt)	[resolʲ'βer]
ontevreden (bn)	descontento (adj)	[deskon'tento]
woedend (bn)	furioso (adj)	[fu'rjoso]

Dat is niet goed!	¡No está bien!	[no es'ta 'bjen]
Dat is slecht!	¡Está mal!	[es'ta 'malʲ]

Geneeskunde

68. Ziekten

ziekte (de)	enfermedad (f)	[eɱferme'ðað]
ziek zijn (ww)	estar enfermo	[es'tar eɱ'fermo]
gezondheid (de)	salud (f)	[sa'lʲuð]
snotneus (de)	resfriado (m)	[resfri'aðo]
angina (de)	angina (f)	[an'χina]
verkoudheid (de)	resfriado (m)	[resfri'aðo]
verkouden raken (ww)	resfriarse (vr)	[resfri'arse]
bronchitis (de)	bronquitis (f)	[broŋ'kitis]
longontsteking (de)	pulmonía (f)	[pulʲmo'nia]
griep (de)	gripe (f)	['gripe]
bijziend (bn)	miope (adj)	[mi'ope]
verziend (bn)	présbita (adj)	['presβita]
scheelheid (de)	estrabismo (m)	[estra'βismo]
scheel (bn)	estrábico (m) (adj)	[es'traβiko]
grauwe staar (de)	catarata (f)	[kata'rata]
glaucoom (het)	glaucoma (m)	[glʲau'koma]
beroerte (de)	insulto (m)	[in'sulʲto]
hartinfarct (het)	ataque (m) cardiaco	[a'take kar'ðjako]
myocardiaal infarct (het)	infarto (m) de miocardio	[iɱ'farto de mio'karðio]
verlamming (de)	parálisis (f)	[pa'ralisis]
verlammen (ww)	paralizar (vt)	[parali'θar]
allergie (de)	alergia (f)	[a'lerχia]
astma (de/het)	asma (f)	['asma]
diabetes (de)	diabetes (f)	[dia'βetes]
tandpijn (de)	dolor (m) de muelas	[do'lʲor de mu'elʲas]
tandbederf (het)	caries (f)	['karies]
diarree (de)	diarrea (f)	[dia'rea]
constipatie (de)	estreñimiento (m)	[estrenji'mjento]
maagstoornis (de)	molestia (f) estomacal	[mo'lestja estoma'kalʲ]
voedselvergiftiging (de)	envenenamiento (m)	[embenena'mjento]
voedselvergiftiging oplopen	envenenarse (vr)	[embene'narse]
artritis (de)	artritis (f)	[ar'tritis]
rachitis (de)	raquitismo (m)	[raki'tismo]
reuma (het)	reumatismo (m)	[reuma'tismo]
arteriosclerose (de)	aterosclerosis (f)	[ateroskle'rosis]
gastritis (de)	gastritis (f)	[gas'tritis]
blindedarmontsteking (de)	apendicitis (f)	[apendi'θitis]

| galblaasontsteking (de) | colecistitis (f) | [koleθis'titis] |
| zweer (de) | úlcera (f) | ['ulʲθera] |

mazelen (mv.)	sarampión (m)	[saram'pjon]
rodehond (de)	rubeola (f)	[ruβe'olʲa]
geelzucht (de)	ictericia (f)	[ikte'riθia]
leverontsteking (de)	hepatitis (f)	[epa'titis]

schizofrenie (de)	esquizofrenia (f)	[eskiθo'frenia]
dolheid (de)	rabia (f)	['raβia]
neurose (de)	neurosis (f)	[neu'rosis]
hersenschudding (de)	conmoción (f) cerebral	[konmo'θjon θere'βralʲ]

kanker (de)	cáncer (m)	['kanθer]
sclerose (de)	esclerosis (f)	[eskle'rosis]
multiple sclerose (de)	esclerosis (f) múltiple	[eskle'rosis 'mulʲtiple]

alcoholisme (het)	alcoholismo (m)	[alʲkoo'lismo]
alcoholicus (de)	alcohólico (m)	[alʲko'oliko]
syfilis (de)	sífilis (f)	['sifilis]
AIDS (de)	SIDA (m)	['siða]

tumor (de)	tumor (m)	[tu'mor]
kwaadaardig (bn)	maligno (adj)	[ma'liɣno]
goedaardig (bn)	benigno (adj)	[be'niɣno]
koorts (de)	fiebre (f)	['fjeβre]
malaria (de)	malaria (f)	[ma'lʲaria]
gangreen (het)	gangrena (f)	[gan'grena]
zeeziekte (de)	mareo (m)	[ma'reo]
epilepsie (de)	epilepsia (f)	[epi'lepsia]

epidemie (de)	epidemia (f)	[epi'ðemia]
tyfus (de)	tifus (m)	['tifus]
tuberculose (de)	tuberculosis (f)	[tuβerku'lʲosis]
cholera (de)	cólera (f)	['kolera]
pest (de)	peste (f)	['peste]

69. Symptomen. Behandelingen. Deel 1

symptoom (het)	síntoma (m)	['sintoma]
temperatuur (de)	temperatura (f)	[tempera'tura]
verhoogde temperatuur (de)	fiebre (f)	['fjeβre]
polsslag (de)	pulso (m)	['pulʲso]

duizeling (de)	mareo (m)	[ma'reo]
heet (erg warm)	caliente (adj)	[ka'ljente]
koude rillingen (mv.)	escalofrío (m)	[eskalʲo'frio]
bleek (bn)	pálido (adj)	['paliðo]

hoest (de)	tos (f)	[tos]
hoesten (ww)	toser (vi)	[to'ser]
niezen (ww)	estornudar (vi)	[estornu'ðar]
flauwte (de)	desmayo (m)	[des'majo]
flauwvallen (ww)	desmayarse (vr)	[desma'jarse]

blauwe plek (de)	moradura (f)	[mora'ðura]
buil (de)	chichón (m)	[ʧi'ʧon]
zich stoten (ww)	golpearse (vr)	[golʲpe'arse]
kneuzing (de)	magulladura (f)	[maguja'ðura]
kneuzen (gekneusd zijn)	magullarse (vr)	[magu'jarse]

hinken (ww)	cojear (vi)	[koχe'ar]
verstuiking (de)	dislocación (f)	[dislʲoka'θjon]
verstuiken (enkel, enz.)	dislocar (vt)	[dislʲo'kar]
breuk (de)	fractura (f)	[frak'tura]
een breuk oplopen	tener una fractura	[te'ner 'una frak'tura]

snijwond (de)	corte (m)	['korte]
zich snijden (ww)	cortarse (vr)	[kor'tarse]
bloeding (de)	hemorragia (f)	[emo'raχia]

brandwond (de)	quemadura (f)	[kema'ðura]
zich branden (ww)	quemarse (vr)	[ke'marse]

prikken (ww)	pincharse (vt)	[pin'ʧarse]
zich prikken (ww)	pincharse (vr)	[pin'ʧarse]
blesseren (ww)	herir (vt)	[e'rir]
blessure (letsel)	herida (f)	[e'riða]
wond (de)	lesión (f)	[le'sjon]
trauma (het)	trauma (m)	['trauma]

ijlen (ww)	delirar (vi)	[deli'rar]
stotteren (ww)	tartamudear (vi)	[tartamuðe'ar]
zonnesteek (de)	insolación (f)	[insolʲa'θjon]

70. Symptomen. Behandelingen. Deel 2

pijn (de)	dolor (m)	[do'lʲor]
splinter (de)	astilla (f)	[as'tija]

zweet (het)	sudor (m)	[su'ðor]
zweten (ww)	sudar (vi)	[su'ðar]
braking (de)	vómito (m)	['bomito]
stuiptrekkingen (mv.)	convulsiones (f pl)	[kombulʲ'sjones]

zwanger (bn)	embarazada (adj)	[embara'θaða]
geboren worden (ww)	nacer (vi)	[na'θer]
geboorte (de)	parto (m)	['parto]
baren (ww)	dar a luz	[dar a lʲuθ]
abortus (de)	aborto (m)	[a'βorto]

ademhaling (de)	respiración (f)	[respira'θjon]
inademing (de)	inspiración (f)	[inspira'θjon]
uitademing (de)	espiración (f)	[espira'θjon]
uitademen (ww)	espirar (vi)	[espi'rar]
inademen (ww)	inspirar (vi)	[inspi'rar]

invalide (de)	inválido (m)	[im'baliðo]
gehandicapte (de)	mutilado (m)	[muti'lʲaðo]

drugsverslaafde (de)	drogadicto (m)	[droɣ·a'ðikto]
doof (bn)	sordo (adj)	['sorðo]
stom (bn)	mudo (adj)	['muðo]
doofstom (bn)	sordomudo (adj)	[sorðo'muðo]

krankzinnig (bn)	loco (adj)	['lʲoko]
krankzinnige (man)	loco (m)	['lʲoko]
krankzinnige (vrouw)	loca (f)	['lʲoka]
krankzinnig worden	volverse loco	[bolʲ'βerse 'lʲoko]

gen (het)	gen (m)	[χen]
immuniteit (de)	inmunidad (f)	[inmuni'ðað]
erfelijk (bn)	hereditario (adj)	[ereði'tario]
aangeboren (bn)	de nacimiento (adj)	[de naθi'mjento]

virus (het)	virus (m)	['birus]
microbe (de)	microbio (m)	[mi'kroβio]
bacterie (de)	bacteria (f)	[bak'teria]
infectie (de)	infección (f)	[iɱfek'θjon]

71. Symptomen. Behandelingen. Deel 3

| ziekenhuis (het) | hospital (m) | [ospi'talʲ] |
| patiënt (de) | paciente (m) | [pa'θjente] |

diagnose (de)	diagnosis (f)	[dia'ɣnosis]
genezing (de)	cura (f)	['kura]
medische behandeling (de)	tratamiento (m)	[trata'mjento]
onder behandeling zijn	curarse (vr)	[ku'rarse]
behandelen (ww)	tratar (vt)	[tra'tar]
zorgen (zieken ~)	cuidar (vt)	[kui'ðar]
ziekenzorg (de)	cuidados (m pl)	[kui'ðaðos]

operatie (de)	operación (f)	[opera'θjon]
verbinden (een arm ~)	vendar (vt)	[ben'dar]
verband (het)	vendaje (m)	[ben'daχe]

vaccin (het)	vacunación (f)	[bakuna'θjon]
inenten (vaccineren)	vacunar (vt)	[baku'nar]
injectie (de)	inyección (f)	[injek'θjon]
een injectie geven	aplicar una inyección	[apli'kar 'una injek'θjon]

aanval (de)	ataque (m)	[a'take]
amputatie (de)	amputación (f)	[amputa'θjon]
amputeren (ww)	amputar (vt)	[ampu'tar]
coma (het)	coma (m)	['koma]
in coma liggen	estar en coma	[es'tar en 'koma]
intensieve zorg, ICU (de)	revitalización (f)	[reβitaliθa'θjon]

zich herstellen (ww)	recuperarse (vr)	[rekupe'rarse]
toestand (de)	estado (m)	[es'taðo]
bewustzijn (het)	consciencia (f)	[kon'θjenθia]
geheugen (het)	memoria (f)	[me'moria]
trekken (een kies ~)	extraer (vt)	[ekstra'er]

| vulling (de) | empaste (m) | [em'paste] |
| vullen (ww) | empastar (vt) | [empas'tar] |

| hypnose (de) | hipnosis (f) | [ip'nosis] |
| hypnotiseren (ww) | hipnotizar (vt) | [ipnoti'θar] |

72. Artsen

dokter, arts (de)	médico (m)	['meðiko]
ziekenzuster (de)	enfermera (f)	[eɲfer'mera]
lijfarts (de)	médico (m) personal	['meðiko perso'nalʲ]

tandarts (de)	dentista (m)	[den'tista]
oogarts (de)	oftalmólogo (m)	[oftalʲ'molʲogo]
therapeut (de)	internista (m)	[inter'nista]
chirurg (de)	cirujano (m)	[θiru'χano]

psychiater (de)	psiquiatra (m)	[si'kjatra]
pediater (de)	pediatra (m)	[pe'ðjatra]
psycholoog (de)	psicólogo (m)	[si'kolʲogo]
gynaecoloog (de)	ginecólogo (m)	[χine'kolʲogo]
cardioloog (de)	cardiólogo (m)	[karði'olʲogo]

73. Geneeskunde. Medicijnen. Accessoires

geneesmiddel (het)	medicamento (m), droga (f)	[meðika'mento], ['droga]
middel (het)	remedio (m)	[re'meðio]
voorschrijven (ww)	prescribir	[preskri'βir]
recept (het)	receta (f)	[re'θeta]

tablet (de/het)	tableta (f)	[ta'βleta]
zalf (de)	ungüento (m)	[ungu'ento]
ampul (de)	ampolla (f)	[am'poja]
drank (de)	mixtura (f), mezcla (f)	[miks'tura], ['meθklʲa]
siroop (de)	sirope (m)	[si'rope]
pil (de)	píldora (f)	['pilʲdora]
poeder (de/het)	polvo (m)	['polʲβo]

verband (het)	venda (f)	['benda]
watten (mv.)	algodón (m)	[alʲgo'ðon]
jodium (het)	yodo (m)	['joðo]

pleister (de)	tirita (f), curita (f)	[ti'rita], [ku'rita]
pipet (de)	pipeta (f)	[pi'peta]
thermometer (de)	termómetro (m)	[ter'mometro]
spuit (de)	jeringa (f)	[χe'ringa]

| rolstoel (de) | silla (f) de ruedas | ['sija de ru'eðas] |
| krukken (mv.) | muletas (f pl) | [mu'letas] |

| pijnstiller (de) | anestésico (m) | [anes'tesiko] |
| laxeermiddel (het) | purgante (m) | [pur'gante] |

spiritus (de)	alcohol (m)	[alʲko'olʲ]
medicinale kruiden (mv.)	hierba (f) medicinal	['jerβa meðiθi'nalʲ]
kruiden- (abn)	de hierbas (adj)	[de 'jerβas]

74. Roken. Tabaksproducten

tabak (de)	tabaco (m)	[ta'βako]
sigaret (de)	cigarrillo (m)	[θiga'rijo]
sigaar (de)	cigarro (m)	[θi'garo]
pijp (de)	pipa (f)	['pipa]
pakje (~ sigaretten)	paquete (m)	[pa'kete]

lucifers (mv.)	cerillas (f pl)	[θe'rijas]
luciferdoosje (het)	caja (f) de cerillas	['kaχa de θe'rijas]
aansteker (de)	encendedor (m)	[enθende'ðor]
asbak (de)	cenicero (m)	[θeni'θero]
sigarettendoosje (het)	pitillera (f)	[piti'jera]

| sigarettenpijpje (het) | boquilla (f) | [bo'kija] |
| filter (de/het) | filtro (m) | ['filʲtro] |

roken (ww)	fumar (vi, vt)	[fu'mar]
een sigaret opsteken	encender un cigarrillo	[enθen'der un θiga'rijo]
roken (het)	tabaquismo (m)	[taβa'kismo]
roker (de)	fumador (m)	[fuma'ðor]

peuk (de)	colilla (f)	[ko'lija]
rook (de)	humo (m)	['umo]
as (de)	ceniza (f)	[θe'niθa]

HET MENSELIJKE LEEFGEBIED

Stad

75. Stad. Het leven in de stad

stad (de)	ciudad (f)	[θju'ðað]
hoofdstad (de)	capital (f)	[kapi'talʲ]
dorp (het)	aldea (f)	[alʲ'ðea]
plattegrond (de)	plano (m) de la ciudad	['plʲano de lʲa θju'ðað]
centrum (ov. een stad)	centro (m) de la ciudad	['θentro de lʲa θju'ðað]
voorstad (de)	suburbio (m)	[su'βurβio]
voorstads- (abn)	suburbano (adj)	[suβur'βano]
randgemeente (de)	arrabal (m)	[ara'βalʲ]
omgeving (de)	afueras (f pl)	[afu'eras]
blok (huizenblok)	barrio (m)	['bario]
woonwijk (de)	zona (f) de viviendas	['θona de bi'βjendas]
verkeer (het)	tráfico (m)	['trafiko]
verkeerslicht (het)	semáforo (m)	[se'maforo]
openbaar vervoer (het)	transporte (m) urbano	[trans'porte ur'βano]
kruispunt (het)	cruce (m)	['kruθe]
zebrapad (oversteekplaats)	paso (m) de peatones	['paso de pea'tones]
onderdoorgang (de)	paso (m) subterráneo	['paso suβte'raneo]
oversteken (de straat ~)	cruzar (vt)	[kru'θar]
voetganger (de)	peatón (m)	[pea'ton]
trottoir (het)	acera (f)	[a'θera]
brug (de)	puente (m)	[pu'ente]
dijk (de)	muelle (m)	[mu'eje]
fontein (de)	fuente (f)	[fu'ente]
allee (de)	alameda (f)	[alʲa'meða]
park (het)	parque (m)	['parke]
boulevard (de)	bulevar (m)	[bule'βar]
plein (het)	plaza (f)	['plʲaθa]
laan (de)	avenida (f)	[aβe'niða]
straat (de)	calle (f)	['kaje]
zijstraat (de)	callejón (m)	[kaje'χon]
doodlopende straat (de)	callejón (m) sin salida	[kaje'χon sin sa'liða]
huis (het)	casa (f)	['kasa]
gebouw (het)	edificio (m)	[eði'fiθio]
wolkenkrabber (de)	rascacielos (m)	[raska'θjelʲos]
gevel (de)	fachada (f)	[fa'tʃaða]
dak (het)	techo (m)	['tetʃo]

venster (het)	ventana (f)	[ben'tana]
boog (de)	arco (m)	['arko]
pilaar (de)	columna (f)	[ko'lʲumna]
hoek (ov. een gebouw)	esquina (f)	[es'kina]

vitrine (de)	escaparate (f)	[eskapa'rate]
gevelreclame (de)	letrero (m)	[le'trero]
affiche (de/het)	cartel (m)	[kar'telʲ]
reclameposter (de)	cartel (m) publicitario	[kar'telʲ puβliθi'tario]
aanplakbord (het)	valla (f) publicitaria	['baja puβliθi'taria]

vuilnis (de/het)	basura (f)	[ba'sura]
vuilnisbak (de)	cajón (m) de basura	[ka'χon de ba'sura]
afval weggooien (ww)	tirar basura	[ti'rar ba'sura]
stortplaats (de)	basurero (m)	[basu'rero]

telefooncel (de)	cabina (f) telefónica	[ka'βina tele'fonika]
straatlicht (het)	farola (f)	[fa'rolʲa]
bank (de)	banco (m)	['baŋko]

politieagent (de)	policía (m)	[poli'θia]
politie (de)	policía (f)	[poli'θia]
zwerver (de)	mendigo (m)	[men'digo]
dakloze (de)	persona (f) sin hogar	[per'sona sin o'gar]

76. Stedelijke instellingen

winkel (de)	tienda (f)	['tjenda]
apotheek (de)	farmacia (f)	[far'maθia]
optiek (de)	óptica (f)	['optika]
winkelcentrum (het)	centro (m) comercial	['θentro komer'θjalʲ]
supermarkt (de)	supermercado (m)	[supermer'kaðo]

bakkerij (de)	panadería (f)	[panaðe'ria]
bakker (de)	panadero (m)	[pana'ðero]
banketbakkerij (de)	pastelería (f)	[pastele'ria]
kruidenier (de)	tienda (f) de comestibles	['tjenda de komes'tiβles]
slagerij (de)	carnicería (f)	[karniθe'ria]

| groentewinkel (de) | verdulería (f) | [berðule'ria] |
| markt (de) | mercado (m) | [mer'kaðo] |

koffiehuis (het)	cafetería (f)	[kafete'ria]
restaurant (het)	restaurante (m)	[restau'rante]
bar (de)	cervecería (f)	[θerβeθe'ria]
pizzeria (de)	pizzería (f)	[pitse'ria]

kapperssalon (de/het)	peluquería (f)	[pelʲuke'ria]
postkantoor (het)	oficina (f) de correos	[ofi'θina de ko'reos]
stomerij (de)	tintorería (f)	[tintore'ria]
fotostudio (de)	estudio (m) fotográfico	[es'tuðjo foto'ɣrafiko]

| schoenwinkel (de) | zapatería (f) | [θapate'ria] |
| boekhandel (de) | librería (f) | [liβre'ria] |

sportwinkel (de)	tienda (f) deportiva	['tjenda depor'tiβa]
kledingreparatie (de)	arreglos (m pl) de ropa	[a'reɣlʲos de 'ropa]
kledingverhuur (de)	alquiler (m) de ropa	[alʲki'ler de 'ropa]
videotheek (de)	videoclub (m)	[biðeo·'klʲuβ]

circus (de/het)	circo (m)	['θirko]
dierentuin (de)	zoológico (m)	[θoo'lʲoχiko]
bioscoop (de)	cine (m)	['θine]
museum (het)	museo (m)	[mu'seo]
bibliotheek (de)	biblioteca (f)	[biβlio'teka]

theater (het)	teatro (m)	[te'atro]
opera (de)	ópera (f)	['opera]
nachtclub (de)	club (m) nocturno	[klʲuβ nok'turno]
casino (het)	casino (m)	[ka'sino]

moskee (de)	mezquita (f)	[meθ'kita]
synagoge (de)	sinagoga (f)	[sina'goga]
kathedraal (de)	catedral (f)	[kate'ðralʲ]
tempel (de)	templo (m)	['templʲo]
kerk (de)	iglesia (f)	[i'ɣlesia]

instituut (het)	instituto (m)	[insti'tuto]
universiteit (de)	universidad (f)	[uniβersi'ðað]
school (de)	escuela (f)	[esku'elʲa]

gemeentehuis (het)	prefectura (f)	[prefek'tura]
stadhuis (het)	alcaldía (f)	[alʲkalʲ'ðia]
hotel (het)	hotel (m)	[o'telʲ]
bank (de)	banco (m)	['baŋko]

ambassade (de)	embajada (f)	[emba'χaða]
reisbureau (het)	agencia (f) de viajes	[a'χenθja de 'bjaχes]
informatieloket (het)	oficina (f) de información	[ofi'θina de iɱforma'θjon]
wisselkantoor (het)	oficina (f) de cambio	[ofi'θina de 'kambio]

| metro (de) | metro (m) | ['metro] |
| ziekenhuis (het) | hospital (m) | [ospi'talʲ] |

| benzinestation (het) | gasolinera (f) | [gasoli'nera] |
| parking (de) | aparcamiento (m) | [aparka'mjento] |

77. Stedelijk vervoer

bus, autobus (de)	autobús (m)	[auto'βus]
tram (de)	tranvía (m)	[tram'bia]
trolleybus (de)	trolebús (m)	[trole'βus]
route (de)	itinerario (m)	[itine'rario]
nummer (busnummer, enz.)	número (m)	['numero]

rijden met ...	ir en ...	[ir en]
stappen (in de bus ~)	tomar (vt)	[to'mar]
afstappen (ww)	bajar del ...	[ba'χar delʲ]
halte (de)	parada (f)	[pa'raða]

volgende halte (de)	próxima parada (f)	['proksima pa'raða]
eindpunt (het)	parada (f) final	[pa'raða fi'nalʲ]
dienstregeling (de)	horario (m)	[o'rario]
wachten (ww)	esperar (vt)	[espe'rar]

| kaartje (het) | billete (m) | [bi'jete] |
| reiskosten (de) | precio (m) del billete | ['preθjo delʲ bi'jete] |

kassier (de)	cajero (m)	[ka'xero]
kaartcontrole (de)	control (m) de billetes	[kon'trolʲ de bi'jetes]
controleur (de)	revisor (m)	[rebi'sor]

te laat zijn (ww)	llegar tarde (vi)	[je'gar 'tarðe]
missen (de bus ~)	perder (vt)	[per'ðer]
zich haasten (ww)	tener prisa	[te'ner 'prisa]

taxi (de)	taxi (m)	['taksi]
taxichauffeur (de)	taxista (m)	[ta'ksista]
met de taxi (bw)	en taxi	[en 'taksi]
taxistandplaats (de)	parada (f) de taxi	[pa'raða de 'taksi]
een taxi bestellen	llamar un taxi	[ja'mar un 'taksi]
een taxi nemen	tomar un taxi	[to'mar un 'taksi]

verkeer (het)	tráfico (m)	['trafiko]
file (de)	atasco (m)	[a'tasko]
spitsuur (het)	horas (f pl) de punta	['oras de 'punta]
parkeren (on.ww.)	aparcar (vi)	[apar'kar]
parkeren (ov.ww.)	aparcar (vt)	[apar'kar]
parking (de)	aparcamiento (m)	[aparka'mjento]

metro (de)	metro (m)	['metro]
halte (bijv. kleine treinhalte)	estación (f)	[esta'θjon]
de metro nemen	ir en el metro	[ir en elʲ 'metro]
trein (de)	tren (m)	['tren]
station (treinstation)	estación (f)	[esta'θjon]

78. Bezienswaardigheden

monument (het)	monumento (m)	[monu'mento]
vesting (de)	fortaleza (f)	[forta'leθa]
paleis (het)	palacio (m)	[pa'lʲaθio]
kasteel (het)	castillo (m)	[kas'tijo]
toren (de)	torre (f)	['tore]
mausoleum (het)	mausoleo (m)	[mauso'leo]

architectuur (de)	arquitectura (f)	[arkitek'tura]
middeleeuws (bn)	medieval (adj)	[meðje'βalʲ]
oud (bn)	antiguo (adj)	[an'tiguo]
nationaal (bn)	nacional (adj)	[naθjo'nalʲ]
bekend (bn)	conocido (adj)	[kono'θiðo]

toerist (de)	turista (m)	[tu'rista]
gids (de)	guía (m)	['gia]
rondleiding (de)	excursión (f)	[eskur'θjon]

tonen (ww)	mostrar (vt)	[mos'trar]
vertellen (ww)	contar (vt)	[kon'tar]

vinden (ww)	encontrar (vt)	[eŋkon'trar]
verdwalen (de weg kwijt zijn)	perderse (vr)	[per'ðerse]
plattegrond (~ van de metro)	plano (m), mapa (m)	['plʲano], ['mapa]
plattegrond (~ van de stad)	mapa (m)	['mapa]

souvenir (het)	recuerdo (m)	[reku'erðo]
souvenirwinkel (de)	tienda (f) de regalos	['tjenda de re'galʲos]
foto's maken	hacer fotos	[a'θer 'fotos]
zich laten fotograferen	fotografiarse (vr)	[fotoɣra'fjarse]

79. Winkelen

kopen (ww)	comprar (vt)	[kom'prar]
aankoop (de)	compra (f)	['kompra]
winkelen (ww)	hacer compras	[a'θer 'kompras]
winkelen (het)	compras (f pl)	['kompras]

open zijn (ov. een winkel, enz.)	estar abierto	[es'tar a'βjerto]
gesloten zijn (ww)	estar cerrado	[es'tar θe'raðo]

schoeisel (het)	calzado (m)	[kalʲ'θaðo]
kleren (mv.)	ropa (f)	['ropa]
cosmetica (mv.)	cosméticos (m pl)	[kos'metikos]
voedingswaren (mv.)	productos alimenticios	[pro'ðuktos alimen'tiθjos]
geschenk (het)	regalo (m)	[re'galʲo]

verkoper (de)	vendedor (m)	[bende'ðor]
verkoopster (de)	vendedora (f)	[bende'ðora]

kassa (de)	caja (f)	['kaχa]
spiegel (de)	espejo (m)	[es'peχo]
toonbank (de)	mostrador (m)	[mostra'ðor]
paskamer (de)	probador (m)	[proβa'ðor]

aanpassen (ww)	probar (vt)	[pro'βar]
passen (ov. kleren)	quedar (vi)	[ke'ðar]
bevallen (prettig vinden)	gustar (vi)	[gus'tar]

prijs (de)	precio (m)	['preθio]
prijskaartje (het)	etiqueta (f) de precio	[eti'keta de 'preθio]
kosten (ww)	costar (vt)	[kos'tar]
Hoeveel?	¿Cuánto?	[ku'anto]
korting (de)	descuento (m)	[desku'ento]

niet duur (bn)	no costoso (adj)	[no kos'toso]
goedkoop (bn)	barato (adj)	[ba'rato]
duur (bn)	caro (adj)	['karo]
Dat is duur.	Es caro	[es 'karo]
verhuur (de)	alquiler (m)	[alʲki'ler]
huren (smoking, enz.)	alquilar (vt)	[alʲki'lʲar]

krediet (het)	crédito (m)	['kreðito]
op krediet (bw)	a crédito (adv)	[a 'kreðito]

80. Geld

geld (het)	dinero (m)	[di'nero]
ruil (de)	cambio (m)	['kambio]
koers (de)	curso (m)	['kurso]
geldautomaat (de)	cajero (m) automático	[ka'χero auto'matiko]
muntstuk (de)	moneda (f)	[mo'neða]

dollar (de)	dólar (m)	['dolʲar]
euro (de)	euro (m)	['euro]

lire (de)	lira (f)	['lira]
Duitse mark (de)	marco (m) alemán	['marko ale'man]
frank (de)	franco (m)	['fraŋko]
pond sterling (het)	libra esterlina (f)	['liβra ester'lina]
yen (de)	yen (m)	[jen]

schuld (geldbedrag)	deuda (f)	['deuða]
schuldenaar (de)	deudor (m)	[deu'ðor]
uitlenen (ww)	prestar (vt)	[pres'tar]
lenen (geld ~)	tomar prestado	[to'mar pres'taðo]

bank (de)	banco (m)	['baŋko]
bankrekening (de)	cuenta (f)	[ku'enta]
storten (ww)	ingresar (vt)	[ingre'sar]
op rekening storten	ingresar en la cuenta	[ingre'sar en lʲa ku'enta]
opnemen (ww)	sacar de la cuenta	[sa'kar de lʲa ku'enta]

kredietkaart (de)	tarjeta (f) de crédito	[tar'χeta de 'kreðito]
baar geld (het)	dinero (m) en efectivo	[di'nero en efek'tiβo]
cheque (de)	cheque (m)	['tʃeke]
een cheque uitschrijven	sacar un cheque	[sa'kar un 'tʃeke]
chequeboekje (het)	talonario (m)	[talʲo'nario]

portefeuille (de)	cartera (f)	[kar'tera]
geldbeugel (de)	monedero (m)	[mone'ðero]
safe (de)	caja (f) fuerte	['kaχa fu'erte]

erfgenaam (de)	heredero (m)	[ere'ðero]
erfenis (de)	herencia (f)	[e'renθia]
fortuin (het)	fortuna (f)	[for'tuna]

huur (de)	arriendo (m)	[a'rjendo]
huurprijs (de)	alquiler (m)	[alʲki'ler]
huren (huis, kamer)	alquilar (vt)	[alʲki'lʲar]

prijs (de)	precio (m)	['preθio]
kostprijs (de)	coste (m)	['koste]
som (de)	suma (f)	['suma]
uitgeven (geld besteden)	gastar (vt)	[gas'tar]
kosten (mv.)	gastos (m pl)	['gastos]

| bezuinigen (ww) | economizar (vi, vt) | [ekonomi'θar] |
| zuinig (bn) | económico (adj) | [eko'nomiko] |

betalen (ww)	pagar (vi, vt)	[pa'gar]
betaling (de)	pago (m)	['pago]
wisselgeld (het)	cambio (m)	['kambio]

belasting (de)	impuesto (m)	[impu'esto]
boete (de)	multa (f)	['multa]
beboeten (bekeuren)	multar (vt)	[mul'tar]

81. Post. Postkantoor

postkantoor (het)	oficina (f) de correos	[ofi'θina de ko'reos]
post (de)	correo (m)	[ko'reo]
postbode (de)	cartero (m)	[kar'tero]
openingsuren (mv.)	horario (m) de apertura	[o'rarjo de aper'tura]

brief (de)	carta (f)	['karta]
aangetekende brief (de)	carta (f) certificada	['karta θertifi'kaða]
briefkaart (de)	tarjeta (f) postal	[tar'χeta pos'talʲ]
telegram (het)	telegrama (m)	[tele'γrama]
postpakket (het)	paquete (m) postal	[pa'kete pos'talʲ]
overschrijving (de)	giro (m) postal	['χiro pos'talʲ]

ontvangen (ww)	recibir (vt)	[reθi'βir]
sturen (zenden)	enviar (vt)	[em'bjar]
verzending (de)	envío (m)	[em'bio]

adres (het)	dirección (f)	[direk'θjon]
postcode (de)	código (m) postal	['koðigo pos'talʲ]
verzender (de)	expedidor (m)	[ekspeði'ðor]
ontvanger (de)	destinatario (m)	[destina'tario]

| naam (de) | nombre (m) | ['nombre] |
| achternaam (de) | apellido (m) | [ape'jiðo] |

tarief (het)	tarifa (f)	[ta'rifa]
standaard (bn)	ordinario (adj)	[orði'nario]
zuinig (bn)	económico (adj)	[eko'nomiko]

gewicht (het)	peso (m)	['peso]
afwegen (op de weegschaal)	pesar (vt)	[pe'sar]
envelop (de)	sobre (m)	['soβre]
postzegel (de)	sello (m)	['sejo]
een postzegel plakken op	poner un sello	[po'ner un 'sejo]

Woning. Huis. Thuis

82. Huis. Woning

huis (het)	casa (f)	['kasa]
thuis (bw)	en casa (adv)	[en 'kasa]
cour (de)	patio (m)	['patio]
omheining (de)	verja (f)	['berχa]
baksteen (de)	ladrillo (m)	[lʲa'ðrijo]
van bakstenen	de ladrillo (adj)	[de lʲa'ðrijo]
steen (de)	piedra (f)	['pjeðra]
stenen (bn)	de piedra (adj)	[de 'pjeðra]
beton (het)	hormigón (m)	[ormi'ɣon]
van beton	de hormigón (adj)	[de ormi'ɣon]
nieuw (bn)	nuevo (adj)	[nu'eβo]
oud (bn)	viejo (adj)	['bjeχo]
vervallen (bn)	deteriorado (adj)	[deterjo'raðo]
modern (bn)	moderno (adj)	[mo'ðerno]
met veel verdiepingen	de muchos pisos	[de 'mutʃos 'pisos]
hoog (bn)	alto (adj)	['alʲto]
verdieping (de)	piso (m), planta (f)	['piso], ['plʲanta]
met een verdieping	de una sola planta	[de una 'solʲa 'plʲanta]
laagste verdieping (de)	piso (m) bajo	['piso 'baχo]
bovenverdieping (de)	piso (m) alto	['piso 'alʲto]
dak (het)	techo (m)	['tetʃo]
schoorsteen (de)	chimenea (f)	[tʃime'nea]
dakpan (de)	tejas (f pl)	['teχas]
pannen- (abn)	de tejas (adj)	[de 'teχas]
zolder (de)	desván (m)	[des'βan]
venster (het)	ventana (f)	[ben'tana]
glas (het)	vidrio (m)	['biðrio]
vensterbank (de)	alféizar (m)	[al'fejθar]
luiken (mv.)	contraventanas (f pl)	[kontraβen'tanas]
muur (de)	pared (f)	[pa'reð]
balkon (het)	balcón (m)	[balʲ'kon]
regenpijp (de)	gotera (f)	[go'tera]
boven (bw)	arriba	[a'riβa]
naar boven gaan (ww)	subir (vi)	[su'βir]
afdalen (on.ww.)	descender (vi)	[deθen'der]
verhuizen (ww)	mudarse (vr)	[mu'ðarse]

83. Huis. Ingang. Lift

ingang (de)	entrada (f)	[en'traða]
trap (de)	escalera (f)	[eska'lera]
treden (mv.)	escalones (m pl)	[eska'lʲones]
trapleuning (de)	baranda (f)	[ba'randa]
hal (de)	vestíbulo (m)	[bes'tiβulʲo]
postbus (de)	buzón (m)	[bu'θon]
vuilnisbak (de)	contenedor (m) de basura	[kontene'ðor de ba'sura]
vuilniskoker (de)	bajante (f) de basura	[ba'χante de ba'sura]
lift (de)	ascensor (m)	[aθen'sor]
goederenlift (de)	ascensor (m) de carga	[aθen'sor de 'karga]
liftcabine (de)	cabina (f)	[ka'βina]
de lift nemen	ir en el ascensor	[ir en elʲ aθen'sor]
appartement (het)	apartamento (m)	[aparta'mento]
bewoners (mv.)	inquilinos (pl)	[iŋki'linos]
buurman (de)	vecino (m)	[be'θino]
buurvrouw (de)	vecina (f)	[be'θina]
buren (mv.)	vecinos (pl)	[be'θinos]

84. Huis. Deuren. Sloten

deur (de)	puerta (f)	[pu'erta]
toegangspoort (de)	portón (m)	[por'ton]
deurkruk (de)	tirador (m)	[tira'ðor]
ontsluiten (ontgrendelen)	abrir el cerrojo	[a'βrir elʲ θe'roχo]
openen (ww)	abrir (vt)	[a'βrir]
sluiten (ww)	cerrar (vt)	[θe'rar]
sleutel (de)	llave (f)	['jaβe]
sleutelbos (de)	manojo (m) de llaves	[ma'noχo de 'jaβes]
knarsen (bijv. scharnier)	crujir (vi)	[kru'χir]
knarsgeluid (het)	crujido (m)	[kru'χiðo]
scharnier (het)	gozne (m)	['goθne]
deurmat (de)	felpudo (m)	[felʲ'puðo]
slot (het)	cerradura (f)	[θera'ðura]
sleutelgat (het)	ojo (m) de cerradura	['oχo de θera'ðura]
grendel (de)	cerrojo (m)	[θe'roχo]
schuif (de)	pestillo (m)	[pes'tijo]
hangslot (het)	candado (m)	[kan'daðo]
aanbellen (ww)	tocar el timbre	[to'kar elʲ 'timbre]
bel (geluid)	campanillazo (m)	[kampani'jaθo]
deurbel (de)	timbre (m)	['timbre]
belknop (de)	botón (m)	[bo'ton]
geklop (het)	toque (m) a la puerta	['toke a lʲa pu'erta]
kloppen (ww)	tocar la puerta	[to'kar lʲa pu'erta]
code (de)	código (m)	['koðigo]

cijferslot (het)	cerradura (f) de contraseña	[θera'ðura de kontra'senja]
parlofoon (de)	telefonillo (m)	[telefo'nijo]
nummer (het)	número (m)	['numero]
naambordje (het)	placa (f) de puerta	['plʲaka de pu'erta]
deurspion (de)	mirilla (f)	[mi'rija]

85. Huis op het platteland

dorp (het)	aldea (f)	[alʲ'ðea]
moestuin (de)	huerta (f)	[u'erta]

hek (het)	empalizada (f)	[empali'θaða]
houten hekwerk (het)	valla (f)	['baja]
tuinpoortje (het)	puertecilla (f)	[puerte'θija]

graanschuur (de)	granero (m)	[gra'nero]
wortelkelder (de)	sótano (m)	['sotano]
schuur (de)	cobertizo (m)	[koβer'tiθo]
waterput (de)	pozo (m)	['poθo]

kachel (de)	estufa (f)	[es'tufa]
de kachel stoken	calentar la estufa	[kalen'tar lʲa es'tufa]
brandhout (het)	leña (f)	['lenja]
houtblok (het)	leño (m)	['lenjo]

veranda (de)	veranda (f)	[be'randa]
terras (het)	terraza (f)	[te'raθa]
bordes (het)	porche (m)	['portʃe]
schommel (de)	columpio (m)	[ko'lʲumpio]

86. Kasteel. Paleis

kasteel (het)	castillo (m)	[kas'tijo]
paleis (het)	palacio (m)	[pa'lʲaθio]
vesting (de)	fortaleza (f)	[forta'leθa]

ringmuur (de)	muralla (f)	[mu'raja]
toren (de)	torre (f)	['tore]
donjon (de)	torre (f) principal	['tore prinθi'palʲ]

valhek (het)	rastrillo (m)	[ras'trijo]
onderaardse gang (de)	pasaje (m) subterráneo	[pa'saxe suβte'raneo]
slotgracht (de)	foso (m)	['foso]

ketting (de)	cadena (f)	[ka'ðena]
schietgat (het)	aspillera (f)	[aspi'jera]

prachtig (bn)	magnífico (adj)	[maɣ'nifiko]
majestueus (bn)	majestuoso (adj)	[maxestu'oso]

onneembaar (bn)	inexpugnable (adj)	[inekspuɣ'naβle]
middeleeuws (bn)	medieval (adj)	[meðje'βalʲ]

87. Appartement

appartement (het)	apartamento (m)	[aparta'mento]
kamer (de)	habitación (f)	[aβita'θjon]
slaapkamer (de)	dormitorio (m)	[dormi'torio]
eetkamer (de)	comedor (m)	[kome'ðor]
salon (de)	salón (m)	[sa'lʲon]
studeerkamer (de)	despacho (m)	[des'patʃo]
gang (de)	antecámara (f)	[ante'kamara]
badkamer (de)	cuarto (m) de baño	[ku'arto de 'banjo]
toilet (het)	servicio (m)	[ser'βiθio]
plafond (het)	techo (m)	['tetʃo]
vloer (de)	suelo (m)	[su'elʲo]
hoek (de)	rincón (m)	[rin'kon]

88. Appartement. Schoonmaken

schoonmaken (ww)	hacer la limpieza	[a'θer lʲa lim'pjeθa]
opbergen (in de kast, enz.)	quitar (vt)	[ki'tar]
stof (het)	polvo (m)	['polʲβo]
stoffig (bn)	polvoriento (adj)	[polʲβo'rjento]
stoffen (ww)	limpiar el polvo	[lim'pjar elʲ 'polʲβo]
stofzuiger (de)	aspirador (m), aspiradora (f)	[aspira'ðor], [aspira'ðora]
stofzuigen (ww)	limpiar con la aspiradora	[lim'pjar kon lʲa aspira'ðora]
vegen (de vloer ~)	barrer (vi, vt)	[ba'rer]
veegsel (het)	barreduras (f pl)	[bare'ðuras]
orde (de)	orden (m)	['orðen]
wanorde (de)	desorden (m)	[de'sorðen]
zwabber (de)	fregona (f)	[fre'gona]
poetsdoek (de)	trapo (m)	['trapo]
veger (de)	escoba (f)	[es'koβa]
stofblik (het)	cogedor (m)	[koχe'ðor]

89. Meubels. Interieur

meubels (mv.)	muebles (m pl)	[mu'eβles]
tafel (de)	mesa (f)	['mesa]
stoel (de)	silla (f)	['sija]
bed (het)	cama (f)	['kama]
bankstel (het)	sofá (m)	[so'fa]
fauteuil (de)	sillón (m)	[si'jon]
boekenkast (de)	librería (f)	[liβre'ria]
boekenrek (het)	estante (m)	[es'tante]
kledingkast (de)	armario (m)	[ar'mario]
kapstok (de)	percha (f)	['pertʃa]

staande kapstok (de)	perchero (m) de pie	[per'tʃero de pje]
commode (de)	cómoda (f)	['komoða]
salontafeltje (het)	mesa (f) de café	['mesa de ka'fe]
spiegel (de)	espejo (m)	[es'peχo]
tapijt (het)	tapiz (m)	[ta'piθ]
tapijtje (het)	alfombra (f)	[alˡ'fombra]

haard (de)	chimenea (f)	[tʃime'nea]
kaars (de)	vela (f)	['belˡa]
kandelaar (de)	candelero (m)	[kande'lero]

gordijnen (mv.)	cortinas (f pl)	[kor'tinas]
behang (het)	empapelado (m)	[empape'lˡaðo]
jaloezie (de)	estor (m) de láminas	[es'tor de 'lˡaminas]

bureaulamp (de)	lámpara (f) de mesa	['lˡampara de 'mesa]
wandlamp (de)	aplique (m)	[ap'like]
staande lamp (de)	lámpara (f) de pie	['lˡampara de pje]
luchter (de)	lámpara (f) de araña	['lˡampara de a'ranja]

poot (ov. een tafel, enz.)	pata (f)	['pata]
armleuning (de)	brazo (m)	['braθo]
rugleuning (de)	espaldar (m)	[espalˡ'ðar]
la (de)	cajón (m)	[ka'χon]

90. Beddengoed

beddengoed (het)	ropa (f) de cama	['ropa de 'kama]
kussen (het)	almohada (f)	[alˡmo'aða]
kussenovertrek (de)	funda (f)	['funda]
deken (de)	manta (f)	['manta]
laken (het)	sábana (f)	['saβana]
sprei (de)	sobrecama (f)	[soβre'kama]

91. Keuken

keuken (de)	cocina (f)	[ko'θina]
gas (het)	gas (m)	[gas]
gasfornuis (het)	cocina (f) de gas	[ko'θina de 'gas]
elektrisch fornuis (het)	cocina (f) eléctrica	[ko'θina e'lektrika]
oven (de)	horno (m)	['orno]
magnetronoven (de)	horno (m) microondas	['orno mikro·'ondas]

koelkast (de)	frigorífico (m)	[frigo'rifiko]
diepvriezer (de)	congelador (m)	[konχelˡa'ðor]
vaatwasmachine (de)	lavavajillas (m)	['lˡaβa·βa'χijas]

vleesmolen (de)	picadora (f) de carne	[pika'ðora de 'karne]
vruchtenpers (de)	exprimidor (m)	[eksprimi'ðor]
toaster (de)	tostador (m)	[tosta'ðor]
mixer (de)	batidora (f)	[bati'ðora]
koffiemachine (de)	cafetera (f)	[kafe'tera]

| koffiepot (de) | cafetera (f) | [kafe'tera] |
| koffiemolen (de) | molinillo (m) de café | [moli'nijo de ka'fe] |

fluitketel (de)	hervidor (m) de agua	[erβi'ðor de 'agua]
theepot (de)	tetera (f)	[te'tera]
deksel (de/het)	tapa (f)	['tapa]
theezeefje (het)	colador (m) de té	[ko}a'ðor de te]

lepel (de)	cuchara (f)	[ku'ʧara]
theelepeltje (het)	cucharilla (f)	[kuʧa'rija]
eetlepel (de)	cuchara (f) de sopa	[ku'ʧara de 'sopa]
vork (de)	tenedor (m)	[tene'ðor]
mes (het)	cuchillo (m)	[ku'ʧijo]

vaatwerk (het)	vajilla (f)	[ba'xija]
bord (het)	plato (m)	['p}ato]
schoteltje (het)	platillo (m)	[p}a'tijo]

likeurglas (het)	vaso (m) de chupito	['baso de ʧu'pito]
glas (het)	vaso (m)	['baso]
kopje (het)	taza (f)	['taθa]

suikerpot (de)	azucarera (f)	[aθuka'rera]
zoutvat (het)	salero (m)	[sa'lero]
pepervat (het)	pimentero (m)	[pimen'tero]
boterschaaltje (het)	mantequera (f)	[mante'kera]

pan (de)	cacerola (f)	[kaθe'ro}a]
bakpan (de)	sartén (f)	[sar'ten]
pollepel (de)	cucharón (m)	[kuʧa'ron]
vergiet (de/het)	colador (m)	[ko}a'ðor]
dienblad (het)	bandeja (f)	[ban'dexa]

fles (de)	botella (f)	[bo'teja]
glazen pot (de)	tarro (m) de vidrio	['taro de 'biðrio]
blik (conserven~)	lata (f)	['}ata]

flesopener (de)	abrebotellas (m)	[aβre·βo'tejas]
blikopener (de)	abrelatas (m)	[aβre·'}atas]
kurkentrekker (de)	sacacorchos (m)	[saka'korʧos]
filter (de/het)	filtro (m)	['fil}tro]
filteren (ww)	filtrar (vt)	[fil}'trar]

| huisvuil (het) | basura (f) | [ba'sura] |
| vuilnisemmer (de) | cubo (m) de basura | ['kuβo de ba'sura] |

92. Badkamer

badkamer (de)	cuarto (m) de baño	[ku'arto de 'banjo]
water (het)	agua (f)	['agua]
kraan (de)	grifo (m)	['grifo]
warm water (het)	agua (f) caliente	['agua ka'ljente]
koud water (het)	agua (f) fría	['agua 'fria]
tandpasta (de)	pasta (f) de dientes	['pasta de 'djentes]

tanden poetsen (ww)	**limpiarse los dientes**	[lim'pjarse los 'djentes]
tandenborstel (de)	**cepillo** (m) **de dientes**	[θe'pijo de 'djentes]
zich scheren (ww)	**afeitarse** (vr)	[afej'tarse]
scheercrème (de)	**espuma** (f) **de afeitar**	[es'puma de afej'tar]
scheermes (het)	**maquinilla** (f) **de afeitar**	[maki'nija de afej'tar]
wassen (ww)	**lavar** (vt)	[lʲa'βar]
een bad nemen	**darse un baño**	['darse un 'banjo]
douche (de)	**ducha** (f)	['dutʃa]
een douche nemen	**darse una ducha**	['darse 'una 'dutʃa]
bad (het)	**bañera** (f)	[ba'njera]
toiletpot (de)	**inodoro** (m)	[ino'ðoro]
wastafel (de)	**lavabo** (m)	[lʲa'βaβo]
zeep (de)	**jabón** (m)	[χa'βon]
zeepbakje (het)	**jabonera** (f)	[χaβo'nera]
spons (de)	**esponja** (f)	[es'ponχa]
shampoo (de)	**champú** (m)	[tʃam'pu]
handdoek (de)	**toalla** (f)	[to'aja]
badjas (de)	**bata** (f) **de baño**	['bata de 'banjo]
was (bijv. handwas)	**colada** (f), **lavado** (m)	[ko'lʲaða], [lʲa'βaðo]
wasmachine (de)	**lavadora** (f)	[lʲaβa'ðora]
de was doen	**lavar la ropa**	[lʲa'βar lʲa 'ropa]
waspoeder (de)	**detergente** (m) **en polvo**	[deter'χente en 'polʲβo]

93. Huishoudelijke apparaten

televisie (de)	**televisor** (m)	[teleβi'sor]
cassettespeler (de)	**magnetófono** (m)	[maɣne'tofono]
videorecorder (de)	**vídeo** (m)	['biðeo]
radio (de)	**radio** (m)	['raðio]
speler (de)	**reproductor** (m)	[reproðuk'tor]
videoprojector (de)	**proyector** (m) **de vídeo**	[projek'tor de 'biðeo]
home theater systeem (het)	**sistema** (m) **home cinema**	[sis'tema 'χoum 'θinema]
DVD-speler (de)	**reproductor** (m) **de DVD**	reproðuk'tor de deβe'de]
versterker (de)	**amplificador** (m)	[amplifika'ðor]
spelconsole (de)	**videoconsola** (f)	[biðeo·kon'solʲa]
videocamera (de)	**cámara** (f) **de vídeo**	['kamara de 'biðeo]
fotocamera (de)	**cámara** (f) **fotográfica**	['kamara foto'ɣrafika]
digitale camera (de)	**cámara** (f) **digital**	['kamara diχi'talʲ]
stofzuiger (de)	**aspirador** (m), **aspiradora** (f)	[aspira'ðor], [aspira'ðora]
strijkijzer (het)	**plancha** (f)	['plʲantʃa]
strijkplank (de)	**tabla** (f) **de planchar**	['taβlʲa de plʲan'tʃar]
telefoon (de)	**teléfono** (m)	[te'lefono]
mobieltje (het)	**teléfono** (m) **móvil**	[te'lefono 'moβilʲ]
schrijfmachine (de)	**máquina** (f) **de escribir**	['makina de eskri'βir]

naaimachine (de)	**máquina** (f) **de coser**	['makina de ko'ser]
microfoon (de)	**micrófono** (m)	[mi'krofono]
koptelefoon (de)	**auriculares** (m pl)	[auriku'lʲares]
afstandsbediening (de)	**mando** (m) **a distancia**	['mando a dis'tanθia]
CD (de)	**disco compacto** (m)	['disko kom'pakto]
cassette (de)	**casete** (m)	[ka'sete]
vinylplaat (de)	**disco** (m) **de vinilo**	['disko de bi'nilʲo]

94. Reparaties. Renovatie

renovatie (de)	**renovación** (f)	[renoβa'θjon]
renoveren (ww)	**renovar** (vt)	[reno'βar]
repareren (ww)	**reparar** (vt)	[repa'rar]
op orde brengen	**poner en orden**	[po'ner en 'orðen]
overdoen (ww)	**rehacer** (vt)	[rea'θer]
verf (de)	**pintura** (f)	[pin'tura]
verven (muur ~)	**pintar** (vt)	[pin'tar]
schilder (de)	**pintor** (m)	[pin'tor]
kwast (de)	**brocha** (f)	['brotʃa]
kalk (de)	**cal** (f)	[kalʲ]
kalken (ww)	**encalar** (vt)	[eŋka'lʲar]
behang (het)	**empapelado** (m)	[empape'lʲaðo]
behangen (ww)	**empapelar** (vt)	[empape'lʲar]
lak (de/het)	**barniz** (m)	[bar'niθ]
lakken (ww)	**cubrir con barniz**	[ku'βrir kon bar'niθ]

95. Loodgieterswerk

water (het)	**agua** (f)	['agua]
warm water (het)	**agua** (f) **caliente**	['agua ka'ljente]
koud water (het)	**agua** (f) **fría**	['agua 'fria]
kraan (de)	**grifo** (m)	['grifo]
druppel (de)	**gota** (f)	['gota]
druppelen (ww)	**gotear** (vi)	[gote'ar]
lekken (een lek hebben)	**gotear** (vi)	[gote'ar]
lekkage (de)	**escape** (m) **de agua**	[es'kape de 'agua]
plasje (het)	**charco** (m)	['tʃarko]
buis, leiding (de)	**tubo** (m)	['tuβo]
stopkraan (de)	**válvula** (f)	['balʲβulʲa]
verstopt raken (ww)	**estar atascado**	[es'tar atas'kaðo]
gereedschap (het)	**instrumentos** (m pl)	[instru'mentos]
Engelse sleutel (de)	**llave** (f) **inglesa**	['jaβe in'glesa]
losschroeven (ww)	**destornillar** (vt)	[destorni'jar]
aanschroeven (ww)	**atornillar** (vt)	[atorni'jar]
ontstoppen (riool, enz.)	**desatascar** (vt)	[desatas'kar]

loodgieter (de)	fontanero (m)	[fonta'nero]
kelder (de)	sótano (m)	['sotano]
riolering (de)	alcantarillado (m)	[alʲkantari'jaðo]

96. Brand. Vuurzee

brand (de)	incendio (m)	[in'θendjo]
vlam (de)	llama (f)	['jama]
vonk (de)	chispa (f)	['ʧispa]
rook (de)	humo (m)	['umo]
fakkel (de)	antorcha (f)	[an'torʧa]
kampvuur (het)	hoguera (f)	[o'gera]

benzine (de)	gasolina (f)	[gaso'lina]
kerosine (de)	queroseno (m)	[kero'sene]
brandbaar (bn)	inflamable (adj)	[iɱflʲa'maβle]
ontplofbaar (bn)	explosivo (adj)	[eksplʲo'siβo]
VERBODEN TE ROKEN!	PROHIBIDO FUMAR	[proi'βiðo fu'mar]

veiligheid (de)	seguridad (f)	[seguri'ðað]
gevaar (het)	peligro (m)	[pe'liɣro]
gevaarlijk (bn)	peligroso (adj)	[peli'ɣroso]

in brand vliegen (ww)	prenderse fuego	[pren'derse fu'ego]
explosie (de)	explosión (f)	[eksplʲo'sjon]
in brand steken (ww)	incendiar (vt)	[inθen'djar]
brandstichter (de)	incendiario (m)	[inθen'djario]
brandstichting (de)	incendio (m) provocado	[in'θendjo proβo'kaðo]

vlammen (ww)	estar en llamas	[es'tar en 'jamas]
branden (ww)	arder (vi)	[ar'ðer]
afbranden (ww)	incendiarse	[inθen'djarse]

de brandweer bellen	llamar a los bomberos	[ja'mar a los bom'beros]
brandweerman (de)	bombero (m)	[bom'bero]
brandweerwagen (de)	coche (m) de bomberos	['koʧe de bom'beros]
brandweer (de)	cuerpo (m) de bomberos	[ku'erpo de bom'beros]
uitschuifbare ladder (de)	escalera (f) telescópica	[eska'lera teles'kopika]

brandslang (de)	manguera (f)	[man'gera]
brandblusser (de)	extintor (m)	[ekstin'tor]
helm (de)	casco (m)	['kasko]
sirene (de)	sirena (f)	[si'rena]

roepen (ww)	gritar (vi)	[gri'tar]
hulp roepen	pedir socorro	[pe'ðir so'koro]
redder (de)	socorrista (m)	[soko'rista]
redden (ww)	salvar (vt)	[salʲ'βar]

aankomen (per auto, enz.)	llegar (vi)	[je'gar]
blussen (ww)	apagar (vt)	[apa'gar]
water (het)	agua (f)	['agua]
zand (het)	arena (f)	[a'rena]
ruïnes (mv.)	ruinas (f pl)	[ru'inas]

instorten (gebouw, enz.)	colapsarse (vr)	[kolʲap'sarse]
ineenstorten (ww)	hundirse (vr)	[un'dirse]
inzakken (ww)	derrumbarse (vr)	[derum'barse]

| brokstuk (het) | trozo (m) | ['troθo] |
| as (de) | ceniza (f) | [θe'niθa] |

| verstikken (ww) | morir asfixiado | [mo'rir asfi'ksjaðo] |
| omkomen (ww) | perecer (vi) | [pere'θer] |

MENSELIJKE ACTIVITEITEN

Baan. Business. Deel 1

97. Bankieren

bank (de)	banco (m)	['baŋko]
bankfiliaal (het)	sucursal (f)	[sukur'salʲ]
bankbediende (de)	consultor (m)	[konsulʲ'tor]
manager (de)	gerente (m)	[xe'rente]
bankrekening (de)	cuenta (f)	[ku'enta]
rekeningnummer (het)	numero (m) de la cuenta	['numero de lʲa ku'enta]
lopende rekening (de)	cuenta (f) corriente	[ku'enta ko'rjente]
spaarrekening (de)	cuenta (f) de ahorros	[ku'enta de a'oros]
een rekening openen	abrir una cuenta	[a'βrir una ku'enta]
de rekening sluiten	cerrar la cuenta	[θe'rar lʲa ku'enta]
op rekening storten	ingresar en la cuenta	[ingre'sar en lʲa ku'enta]
opnemen (ww)	sacar de la cuenta	[sa'kar de lʲa ku'enta]
storting (de)	depósito (m)	[de'posito]
een storting maken	hacer un depósito	[a'θer un de'posito]
overschrijving (de)	giro (m)	['xiro]
een overschrijving maken	hacer un giro	[a'θer un 'xiro]
som (de)	suma (f)	['suma]
Hoeveel?	¿Cuánto?	[ku'anto]
handtekening (de)	firma (f)	['firma]
ondertekenen (ww)	firmar (vt)	[fir'mar]
kredietkaart (de)	tarjeta (f) de crédito	[tar'xeta de 'kreðito]
code (de)	código (m)	['koðigo]
kredietkaartnummer (het)	número (m)	['numero
	de tarjeta de crédito	de tar'xeta de 'kreðito]
geldautomaat (de)	cajero (m) automático	[ka'xero auto'matiko]
cheque (de)	cheque (m)	['ʧeke]
een cheque uitschrijven	sacar un cheque	[sa'kar un 'ʧeke]
chequeboekje (het)	talonario (m)	[talʲo'nario]
lening, krediet (de)	crédito (m)	['kreðito]
een lening aanvragen	pedir el crédito	[pe'ðir elʲ 'kreðito]
een lening nemen	obtener un crédito	[oβte'ner un 'kreðito]
een lening verlenen	conceder un crédito	[konθe'ðer un 'kreðito]
garantie (de)	garantía (f)	[garan'tia]

98. Telefoon. Telefoongesprek

telefoon (de)	teléfono (m)	[te'lefono]
mobieltje (het)	teléfono (m) móvil	[te'lefono 'moβilʲ]
antwoordapparaat (het)	contestador (m)	[kontesta'ðor]
bellen (ww)	llamar, telefonear	[ja'mar], [telefone'ar]
belletje (telefoontje)	llamada (f)	[ja'maða]
een nummer draaien	marcar un número	[mar'kar un 'numero]
Hallo!	¿Sí?, ¿Dígame?	[si], ['digame]
vragen (ww)	preguntar (vt)	[pregun'tar]
antwoorden (ww)	responder (vi, vt)	[respon'der]
horen (ww)	oír (vt)	[o'ir]
goed (bw)	bien (adv)	[bjen]
slecht (bw)	mal (adv)	[malʲ]
storingen (mv.)	ruidos (m pl)	[ru'iðos]
hoorn (de)	auricular (m)	[auriku'lʲar]
opnemen (ww)	descolgar (vt)	[deskolʲ'gar]
ophangen (ww)	colgar el auricular	[kolʲ'gar elʲ auriku'lʲar]
bezet (bn)	ocupado (adj)	[oku'paðo]
overgaan (ww)	sonar (vi)	[so'nar]
telefoonboek (het)	guía (f) de teléfonos	['gia de te'lefonos]
lokaal (bn)	local (adj)	[lʲo'kalʲ]
interlokaal (bn)	de larga distancia	[de 'lʲarga dis'tanθia]
buitenlands (bn)	internacional (adj)	[internaθjo'nalʲ]

99. Mobiele telefoon

mobieltje (het)	teléfono (m) móvil	[te'lefono 'moβilʲ]
scherm (het)	pantalla (f)	[pan'taja]
toets, knop (de)	botón (m)	[bo'ton]
simkaart (de)	tarjeta SIM (f)	[tar'χeta sim]
batterij (de)	pila (f)	['pilʲa]
leeg zijn (ww)	descargarse (vr)	[deskar'garse]
acculader (de)	cargador (m)	[karga'ðor]
menu (het)	menú (m)	[me'nu]
instellingen (mv.)	preferencias (f pl)	[prefe'renθias]
melodie (beltoon)	melodía (f)	[melʲo'ðia]
selecteren (ww)	seleccionar (vt)	[selekθjo'nar]
rekenmachine (de)	calculadora (f)	[kalʲkulʲa'ðora]
voicemail (de)	contestador (m)	[kontesta'ðor]
wekker (de)	despertador (m)	[desperta'ðor]
contacten (mv.)	contactos (m pl)	[kon'taktos]
SMS-bericht (het)	mensaje (m) de texto	[men'saχe de 'teksto]
abonnee (de)	abonado (m)	[aβo'naðo]

100. Schrijfbehoeften

balpen (de)	bolígrafo (m)	[bo'liɣrafo]
vulpen (de)	pluma (f) estilográfica	['plʲuma estilʲo'ɣrafika]
potlood (het)	lápiz (m)	['lʲapiθ]
marker (de)	marcador (m)	[marka'ðor]
viltstift (de)	rotulador (m)	[rotulʲa'ðor]
notitieboekje (het)	bloc (m) de notas	['blʲok de 'notas]
agenda (boekje)	agenda (f)	[a'xenda]
liniaal (de/het)	regla (f)	['reɣlʲa]
rekenmachine (de)	calculadora (f)	[kalʲkulʲa'ðora]
gom (de)	goma (f) de borrar	['goma de bo'rar]
punaise (de)	chincheta (f)	[ʧin'ʧeta]
paperclip (de)	clip (m)	[klip]
lijm (de)	cola (f), pegamento (m)	['kolʲa], [pega'mento]
nietmachine (de)	grapadora (f)	[grapa'ðora]
perforator (de)	perforador (m)	[perfora'ðor]
potloodslijper (de)	sacapuntas (m)	[saka'puntas]

Baan. Business. Deel 2

101. Massamedia

krant (de)	periódico (m)	[pe'rjoðiko]
tijdschrift (het)	revista (f)	[re'βista]
pers (gedrukte media)	prensa (f)	['prensa]
radio (de)	radio (f)	['raðio]
radiostation (het)	estación (f) de radio	[esta'θjon de 'raðio]
televisie (de)	televisión (f)	[teleβi'θjon]

presentator (de)	presentador (m)	[presenta'ðor]
nieuwslezer (de)	presentador (m) de noticias	[presenta'ðor de no'tiθias]
commentator (de)	comentarista (m)	[komenta'rista]

journalist (de)	periodista (m)	[perjo'ðista]
correspondent (de)	corresponsal (m)	[korespon'salʲ]
fotocorrespondent (de)	corresponsal (m) fotográfico	[korespon'salʲ foto'ɣrafiko]
reporter (de)	reportero (m)	[repor'tero]

redacteur (de)	redactor (m)	[reðak'tor]
chef-redacteur (de)	redactor jefe (m)	[reðak'tor 'χefe]

zich abonneren op	suscribirse (vr)	[suskri'βirse]
abonnement (het)	suscripción (f)	[suskrip'θjon]
abonnee (de)	suscriptor (m)	[suskrip'tor]
lezen (ww)	leer (vi, vt)	[le'er]
lezer (de)	lector (m)	[lek'tor]

oplage (de)	tirada (f)	[ti'raða]
maand-, maandelijks (bn)	mensual (adj)	[mensu'alʲ]
wekelijks (bn)	semanal (adj)	[sema'nalʲ]
nummer (het)	número (m)	['numero]
vers (~ van de pers)	nuevo (adj)	[nu'eβo]

kop (de)	titular (m)	[titu'lʲar]
korte artikel (het)	noticia (f)	[no'tiθia]
rubriek (de)	columna (f)	[ko'lʲumna]
artikel (het)	artículo (m)	[ar'tikulʲo]
pagina (de)	página (f)	['paχina]

reportage (de)	reportaje (m)	[repor'taχe]
gebeurtenis (de)	evento (m)	[e'βento]
sensatie (de)	sensación (f)	[sensa'θjon]
schandaal (het)	escándalo (m)	[es'kandalʲo]
schandalig (bn)	escandaloso (adj)	[eskanda'lʲoso]
groot (~ schandaal, enz.)	gran (adj)	[gran]

programma (het)	emisión (f)	[emi'sjon]
interview (het)	entrevista (f)	[entre'βista]

| live uitzending (de) | transmisión (f) en vivo | [transmi'θjon en 'biβo] |
| kanaal (het) | canal (m) | [ka'nalʲ] |

102. Landbouw

landbouw (de)	agricultura (f)	[aɣrikulʲ'tura]
boer (de)	campesino (m)	[kampe'sino]
boerin (de)	campesina (f)	[kampe'sina]
landbouwer (de)	granjero (m)	[gran'χero]

| tractor (de) | tractor (m) | [trak'tor] |
| maaidorser (de) | cosechadora (f) | [kosetʃa'ðora] |

ploeg (de)	arado (m)	[a'raðo]
ploegen (ww)	arar (vi, vt)	[a'rar]
akkerland (het)	labrado (m)	[lʲa'βraðo]
voor (de)	surco (m)	['surko]

zaaien (ww)	sembrar (vi, vt)	[sem'brar]
zaaimachine (de)	sembradora (f)	[sembra'ðora]
zaaien (het)	siembra (f)	['sjembra]

| zeis (de) | guadaña (f) | [gua'ðanja] |
| maaien (ww) | segar (vi, vt) | [se'gar] |

| schop (de) | pala (f) | ['palʲa] |
| spitten (ww) | layar (vt) | [lʲa'jar] |

schoffel (de)	azada (f)	[a'θaða]
wieden (ww)	sachar, escardar	[sa'tʃar], [eskar'ðar]
onkruid (het)	mala hierba (f)	['malʲa 'jerβa]

gieter (de)	regadera (f)	[rega'ðera]
begieten (water geven)	regar (vt)	[re'gar]
bewatering (de)	riego (m)	['rjego]

| riek, hooivork (de) | horquilla (f) | [or'kija] |
| hark (de) | rastrillo (m) | [ras'trijo] |

kunstmest (de)	fertilizante (m)	[fertili'θante]
bemesten (ww)	abonar (vt)	[aβo'nar]
mest (de)	estiércol (m)	[es'tjerkolʲ]

veld (het)	campo (m)	['kampo]
wei (de)	prado (m)	['praðo]
moestuin (de)	huerta (f)	[u'erta]
boomgaard (de)	jardín (m)	[χar'ðin]

weiden (ww)	pacer (vt)	[pa'θer]
herder (de)	pastor (m)	[pas'tor]
weiland (de)	pastadero (m)	[pasta'ðero]

| veehouderij (de) | ganadería (f) | [ganaðe'ria] |
| schapenteelt (de) | cría (f) de ovejas | ['kria de o'βeχas] |

plantage (de)	plantación (f)	[plʲanta'θjon]
rijtje (het)	hilera (f)	[i'lera]
broeikas (de)	invernadero (m)	[imberna'ðero]

| droogte (de) | sequía (f) | [se'kia] |
| droog (bn) | seco, árido (adj) | ['seko], ['ariðo] |

graan (het)	grano (m)	['grano]
graangewassen (mv.)	cereales (m pl)	[θere'ales]
oogsten (ww)	recolectar (vt)	[rekolek'tar]

molenaar (de)	molinero (m)	[moli'nero]
molen (de)	molino (m)	[mo'lino]
malen (graan ~)	moler (vt)	[mo'ler]
bloem (bijv. tarwebloem)	harina (f)	[a'rina]
stro (het)	paja (f)	['paχa]

103. Gebouw. Bouwproces

bouwplaats (de)	obra (f)	['oβra]
bouwen (ww)	construir (vt)	[konstru'ir]
bouwvakker (de)	albañil (m)	[alʲβa'njilʲ]

project (het)	proyecto (m)	[pro'jekto]
architect (de)	arquitecto (m)	[arki'tekto]
arbeider (de)	obrero (m)	[o'βrero]

fundering (de)	cimientos (m pl)	[θi'mjentos]
dak (het)	techo (m)	['tetʃo]
heipaal (de)	pila (f) de cimentación	['pilʲa de θimenta'θjon]
muur (de)	muro (m)	['muro]

| betonstaal (het) | armadura (f) | [arma'ðura] |
| steigers (mv.) | andamio (m) | [an'damio] |

beton (het)	hormigón (m)	[ormi'ɣon]
graniet (het)	granito (m)	[gra'nito]
steen (de)	piedra (f)	['pjeðra]
baksteen (de)	ladrillo (m)	[lʲa'ðrijo]

zand (het)	arena (f)	[a'rena]
cement (de/het)	cemento (m)	[θe'mento]
pleister (het)	estuco (m)	[es'tuko]
pleisteren (ww)	estucar (vt)	[estu'kar]
verf (de)	pintura (f)	[pin'tura]
verven (muur ~)	pintar (vt)	[pin'tar]
ton (de)	barril (m)	[ba'rilʲ]

kraan (de)	grúa (f)	['grua]
heffen, hijsen (ww)	levantar (vt)	[leβan'tar]
neerlaten (ww)	bajar (vt)	[ba'χar]

| bulldozer (de) | bulldózer (m) | [bulʲ'ðoθer] |
| graafmachine (de) | excavadora (f) | [ekskaβa'ðora] |

graafbak (de)	cuchara (f)	[ku'tʃara]
graven (tunnel, enz.)	cavar (vt)	[ka'βar]
helm (de)	casco (m)	['kasko]

Beroepen en ambachten

| baan (de) | trabajo (m) | [tra'βaχo] |
| personeel (het) | personal (m) | [perso'nalʲ] |

carrière (de)	carrera (f)	[ka'rera]
vooruitzichten (mv.)	perspectiva (f)	[perspek'tiβa]
meesterschap (het)	maestría (f)	[maes'tria]

keuze (de)	selección (f)	[selek'θjon]
uitzendbureau (het)	agencia (f) de empleo	[a'χenθja de em'pleo]
CV, curriculum vitae (het)	curriculum vitae (m)	[ku'rikulʲum bi'tae]
sollicitatiegesprek (het)	entrevista (f)	[entre'βista]
vacature (de)	vacancia (f)	[ba'kanθia]

salaris (het)	salario (m)	[sa'lʲario]
vaste salaris (het)	salario (m) fijo	[sa'lʲario 'fiχo]
loon (het)	remuneración (f)	[remunera'θjon]

betrekking (de)	puesto (m)	[pu'esto]
taak, plicht (de)	deber (m)	[de'βer]
takenpakket (het)	gama (f) de deberes	['gama de de'βeres]
bezig (~ zijn)	ocupado (adj)	[oku'paðo]

| ontslagen (ww) | despedir (vt) | [despe'ðir] |
| ontslag (het) | despido (m) | [des'piðo] |

werkloosheid (de)	desempleo (m)	[desem'pleo]
werkloze (de)	desempleado (m)	[desemple'aðo]
pensioen (het)	jubilación (f)	[χuβilʲa'θjon]
met pensioen gaan	jubilarse (vr)	[χuβi'lʲarse]

directeur (de)	director (m)	[direk'tor]
beheerder (de)	gerente (m)	[χe'rente]
hoofd (het)	jefe (m)	['χefe]

baas (de)	superior (m)	[supe'rjor]
superieuren (mv.)	superiores (m pl)	[supe'rjores]
president (de)	presidente (m)	[presi'ðente]
voorzitter (de)	presidente (m)	[presi'ðente]

adjunct (de)	adjunto (m)	[að'χunto]
assistent (de)	asistente (m)	[asis'tente]
secretaris (de)	secretario (m), secretaria (f)	[sekre'tario], [sekre'taria]

persoonlijke assistent (de)	secretario (m) particular	[sekre'tarjo partiku'lʲar]
zakenman (de)	hombre (m) de negocios	['ombre de ne'goθjos]
ondernemer (de)	emprendedor (m)	[emprende'ðor]
oprichter (de)	fundador (m)	[funda'ðor]
oprichten	fundar (vt)	[fun'dar]
(een nieuw bedrijf ~)		

stichter (de)	institutor (m)	[institu'tor]
partner (de)	socio (m)	['soθio]
aandeelhouder (de)	accionista (m)	[akθjo'nista]

miljonair (de)	millonario (m)	[mijo'nario]
miljardair (de)	multimillonario (m)	[mulʲti·mijo'nario]
eigenaar (de)	propietario (m)	[propje'tario]
landeigenaar (de)	terrateniente (m)	[tera·te'njente]

klant (de)	cliente (m)	[kli'ente]
vaste klant (de)	cliente (m) habitual	[kli'ente aβitu'alʲ]
koper (de)	comprador (m)	[kompra'ðor]
bezoeker (de)	visitante (m)	[bisi'tante]

professioneel (de)	profesional (m)	[profesjo'nalʲ]
expert (de)	experto (m)	[eks'perto]
specialist (de)	especialista (m)	[espeθja'lista]

bankier (de)	banquero (m)	[baŋ'kero]
makelaar (de)	broker (m)	['broker]

kassier (de)	cajero (m)	[ka'χero]
boekhouder (de)	contable (m)	[kon'taβle]
bewaker (de)	guardia (m) de seguridad	[gu'arðja de seguri'ðað]

investeerder (de)	inversionista (m)	[imbersjo'nista]
schuldenaar (de)	deudor (m)	[deu'ðor]
crediteur (de)	acreedor (m)	[akree'ðor]
lener (de)	prestatario (m)	[presta'tario]

importeur (de)	importador (m)	[importa'ðor]
exporteur (de)	exportador (m)	[eksporta'ðor]

producent (de)	productor (m)	[proðuk'tor]
distributeur (de)	distribuidor (m)	[distriβui'ðor]
bemiddelaar (de)	intermediario (m)	[interme'ðjario]

adviseur, consulent (de)	asesor (m)	[ase'sor]
vertegenwoordiger (de)	representante (m)	[represen'tante]
agent (de)	agente (m)	[a'χente]
verzekeringsagent (de)	agente (m) de seguros	[a'χente de se'guros]

106. Dienstverlenende beroepen

kok (de)	cocinero (m)	[koθi'nero]
chef-kok (de)	jefe (m) de cocina	['χefe de ko'θina]
bakker (de)	panadero (m)	[pana'ðero]

barman (de)	barman (m)	['barman]
kelner, ober (de)	camarero (m)	[kama'rero]
serveerster (de)	camarera (f)	[kama'rera]

advocaat (de)	abogado (m)	[aβo'gaðo]
jurist (de)	jurista (m)	[χu'rista]
notaris (de)	notario (m)	[no'tario]

elektricien (de)	electricista (m)	[elektri'θista]
loodgieter (de)	fontanero (m)	[fonta'nero]
timmerman (de)	carpintero (m)	[karpin'tero]

masseur (de)	masajista (m)	[masa'χista]
masseuse (de)	masajista (f)	[masa'χista]
dokter, arts (de)	médico (m)	['meðiko]

taxichauffeur (de)	taxista (m)	[ta'ksista]
chauffeur (de)	chofer (m)	['ʧofer]
koerier (de)	repartidor (m)	[reparti'ðor]

kamermeisje (het)	camarera (f)	[kama'rera]
bewaker (de)	guardia (m) de seguridad	[gu'arðja de seguri'ðað]
stewardess (de)	azafata (f)	[aθa'fata]

meester (de)	profesor (m)	[profe'sor]
bibliothecaris (de)	bibliotecario (m)	[biβliote'kario]
vertaler (de)	traductor (m)	[traðuk'tor]
tolk (de)	intérprete (m)	[in'terprete]
gids (de)	guía (m)	['gia]

kapper (de)	peluquero (m)	[pelʲu'kero]
postbode (de)	cartero (m)	[kar'tero]
verkoper (de)	vendedor (m)	[bende'ðor]

tuinman (de)	jardinero (m)	[χarði'nero]
huisbediende (de)	servidor (m)	[serβi'ðor]
dienstmeisje (het)	criada (f)	[kri'aða]
schoonmaakster (de)	mujer (f) de la limpieza	[mu'χer de lʲa lim'pjeθa]

107. Militaire beroepen en rangen

soldaat (rang)	soldado (m) raso	[solʲ'ðaðo 'raso]
sergeant (de)	sargento (m)	[sar'χento]
luitenant (de)	teniente (m)	[te'njente]
kapitein (de)	capitán (m)	[kapi'tan]

majoor (de)	mayor (m)	[ma'jor]
kolonel (de)	coronel (m)	[koro'nelʲ]
generaal (de)	general (m)	[χene'ralʲ]
maarschalk (de)	mariscal (m)	[maris'kalʲ]
admiraal (de)	almirante (m)	[alʲmi'rante]

| militair (de) | militar (m) | [mili'tar] |
| soldaat (de) | soldado (m) | [solʲ'ðaðo] |

officier (de)	oficial (m)	[ofi'θjalʲ]
commandant (de)	comandante (m)	[koman'dante]

grenswachter (de)	guardafronteras (m)	[guarða·fron'teras]
marconist (de)	radio-operador (m)	['raðjo opera'ðor]
verkenner (de)	explorador (m)	[eksplʲora'ðor]
sappeur (de)	zapador (m)	[θapa'ðor]
schutter (de)	tirador (m)	[tira'ðor]
stuurman (de)	navegador (m)	[naβega'ðor]

108. Ambtenaren. Priesters

koning (de)	rey (m)	[rej]
koningin (de)	reina (f)	['rejna]

prins (de)	príncipe (m)	['prinθipe]
prinses (de)	princesa (f)	[prin'θesa]

tsaar (de)	zar (m)	[θar]
tsarina (de)	zarina (f)	[θa'rina]

president (de)	presidente (m)	[presi'ðente]
minister (de)	ministro (m)	[mi'nistro]
eerste minister (de)	primer ministro (m)	[pri'mer mi'nistro]
senator (de)	senador (m)	[sena'ðor]

diplomaat (de)	diplomático (m)	[diplʲo'matiko]
consul (de)	cónsul (m)	['konsulʲ]
ambassadeur (de)	embajador (m)	[embaχa'ðor]
adviseur (de)	consejero (m)	[konse'χero]

ambtenaar (de)	funcionario (m)	[funθjo'nario]
prefect (de)	prefecto (m)	[pre'fekto]
burgemeester (de)	alcalde (m)	[alʲ'kalʲde]

rechter (de)	juez (m)	[χu'eθ]
aanklager (de)	fiscal (m)	[fis'kalʲ]

missionaris (de)	misionero (m)	[misjo'nero]
monnik (de)	monje (m)	['monχe]
abt (de)	abad (m)	[a'βað]
rabbi, rabbijn (de)	rabino (m)	[ra'βino]

vizier (de)	visir (m)	[bi'sir]
sjah (de)	sha, shah (m)	[ʃa]
sjeik (de)	jeque (m)	['χeke]

109. Agrarische beroepen

imker (de)	apicultor (m)	[apikulʲ'tor]
herder (de)	pastor (m)	[pas'tor]
landbouwkundige (de)	agrónomo (m)	[a'ɣronomo]

veehouder (de)	ganadero (m)	[gana'ðero]
dierenarts (de)	veterinario (m)	[beteri'nario]

landbouwer (de)	granjero (m)	[gran'χero]
wijnmaker (de)	vinicultor (m)	[binikulʲ'tor]
zoöloog (de)	zoólogo (m)	[θo'olʲogo]
cowboy (de)	vaquero (m)	[ba'kero]

110. Kunst beroepen

acteur (de)	actor (m)	[ak'tor]
actrice (de)	actriz (f)	[ak'triθ]

zanger (de)	cantante (m)	[kan'tante]
zangeres (de)	cantante (f)	[kan'tante]

danser (de)	bailarín (m)	[bajlʲa'rin]
danseres (de)	bailarina (f)	[bajlʲa'rina]

artiest (mann.)	artista (m)	[ar'tista]
artiest (vrouw.)	artista (f)	[ar'tista]

muzikant (de)	músico (m)	['musiko]
pianist (de)	pianista (m)	[pja'nista]
gitarist (de)	guitarrista (m)	[gita'rista]

orkestdirigent (de)	director (m) de orquesta	[direk'tor de or'kesta]
componist (de)	compositor (m)	[komposi'tor]
impresario (de)	empresario (m)	[empre'sario]

filmregisseur (de)	director (m) de cine	[direk'tor de 'θine]
filmproducent (de)	productor (m)	[proðuk'tor]
scenarioschrijver (de)	guionista (m)	[gijo'nista]
criticus (de)	crítico (m)	['kritiko]

schrijver (de)	escritor (m)	[eskri'tor]
dichter (de)	poeta (m)	[po'eta]
beeldhouwer (de)	escultor (m)	[eskulʲ'tor]
kunstenaar (de)	pintor (m)	[pin'tor]

jongleur (de)	malabarista (m)	[malʲaβa'rista]
clown (de)	payaso (m)	[pa'jaso]
acrobaat (de)	acróbata (m)	[a'kroβata]
goochelaar (de)	ilusionista (m)	[ilʲusjo'nista]

111. Verschillende beroepen

dokter, arts (de)	médico (m)	['meðiko]
ziekenzuster (de)	enfermera (f)	[eɲfer'mera]
psychiater (de)	psiquiatra (m)	[si'kjatra]
tandarts (de)	dentista (m)	[den'tista]
chirurg (de)	cirujano (m)	[θiru'χano]

astronaut (de)	astronauta (m)	[astro'nauta]
astronoom (de)	astrónomo (m)	[as'tronomo]
piloot (de)	piloto (m)	[pi'lʲoto]
chauffeur (de)	conductor (m)	[konduk'tor]
machinist (de)	maquinista (m)	[maki'nista]
mecanicien (de)	mecánico (m)	[me'kaniko]
mijnwerker (de)	minero (m)	[mi'nero]
arbeider (de)	obrero (m)	[o'βrero]
bankwerker (de)	cerrajero (m)	[θera'χero]
houtbewerker (de)	carpintero (m)	[karpin'tero]
draaier (de)	tornero (m)	[tor'nero]
bouwvakker (de)	albañil (m)	[alʲβa'njilʲ]
lasser (de)	soldador (m)	[solʲda'ðor]
professor (de)	profesor (m)	[profe'sor]
architect (de)	arquitecto (m)	[arki'tekto]
historicus (de)	historiador (m)	[istorja'ðor]
wetenschapper (de)	científico (m)	[θjen'tifiko]
fysicus (de)	físico (m)	['fisiko]
scheikundige (de)	químico (m)	['kimiko]
archeoloog (de)	arqueólogo (m)	[arke'olʲogo]
geoloog (de)	geólogo (m)	[χe'olʲogo]
onderzoeker (de)	investigador (m)	[imbestiga'ðor]
babysitter (de)	niñera (f)	[ni'njera]
leraar, pedagoog (de)	pedagogo (m)	[peða'gogo]
redacteur (de)	redactor (m)	[reðak'tor]
chef-redacteur (de)	redactor jefe (m)	[reðak'tor 'χefe]
correspondent (de)	corresponsal (m)	[korespon'salʲ]
typiste (de)	mecanógrafa (f)	[meka'noɣrafa]
designer (de)	diseñador (m)	[disenja'ðor]
computerexpert (de)	especialista (m) en ordenadores	[espeθja'lista en orðena'ðores]
programmeur (de)	programador (m)	[proɣrama'ðor]
ingenieur (de)	ingeniero (m)	[inχe'njero]
matroos (de)	marino (m)	[ma'rino]
zeeman (de)	marinero (m)	[mari'nero]
redder (de)	socorrista (m)	[soko'rista]
brandweerman (de)	bombero (m)	[bom'bero]
politieagent (de)	policía (m)	[poli'θia]
nachtwaker (de)	vigilante (m) nocturno	[biχi'lʲante nok'turno]
detective (de)	detective (m)	[detek'tiβe]
douanier (de)	aduanero (m)	[aðua'nero]
lijfwacht (de)	guardaespaldas (m)	[guarða·es'palʲdas]
gevangenisbewaker (de)	guardia (m) de prisiones	[gu'arðja de pri'sjones]
inspecteur (de)	inspector (m)	[inspek'tor]
sportman (de)	deportista (m)	[depor'tista]
trainer (de)	entrenador (m)	[entrena'ðor]

slager, beenhouwer (de)	carnicero (m)	[karni'θero]
schoenlapper (de)	zapatero (m)	[θapa'tero]
handelaar (de)	comerciante (m)	[komer'θjante]
lader (de)	cargador (m)	[karga'ðor]

| kledingstilist (de) | diseñador (m) de moda | [disenja'ðor de 'moða] |
| model (het) | modelo (f) | [mo'ðelⁱo] |

112. Beroepen. Sociale status

| scholier (de) | escolar (m) | [esko'lⁱar] |
| student (de) | estudiante (m) | [estu'ðjante] |

filosoof (de)	filósofo (m)	[fi'lⁱosofo]
econoom (de)	economista (m)	[ekono'mista]
uitvinder (de)	inventor (m)	[imben'tor]

werkloze (de)	desempleado (m)	[desemple'aðo]
gepensioneerde (de)	jubilado (m)	[χuβi'lⁱaðo]
spion (de)	espía (m)	[es'pia]

gedetineerde (de)	prisionero (m)	[prisjo'nero]
staker (de)	huelguista (m)	[uelⁱ'gista]
bureaucraat (de)	burócrata (m)	[bu'rokrata]
reiziger (de)	viajero (m)	[bja'χero]

homoseksueel (de)	homosexual (m)	[omoseksu'alⁱ]
hacker (computerkraker)	hacker (m)	['aker]
hippie (de)	hippie (m)	['χipi]

bandiet (de)	bandido (m)	[ban'diðo]
huurmoordenaar (de)	sicario (m)	[si'kario]
drugsverslaafde (de)	drogadicto (m)	[droγ·a'ðikto]
drugshandelaar (de)	narcotraficante (m)	[narko·trafi'kante]
prostituee (de)	prostituta (f)	[prosti'tuta]
pooier (de)	chulo (m), proxeneta (m)	['ʧulⁱo], [prokse'neta]

tovenaar (de)	brujo (m)	['bruχo]
tovenares (de)	bruja (f)	['bruχa]
piraat (de)	pirata (m)	[pi'rata]
slaaf (de)	esclavo (m)	[es'klⁱaβo]
samoerai (de)	samurai (m)	[samu'raj]
wilde (de)	salvaje (m)	[salⁱ'βaχe]

Sport

sportman (de)	deportista (m)	[depor'tista]
soort sport (de/het)	tipo (m) de deporte	['tipo de de'porte]
basketbal (het)	baloncesto (m)	[balʲon'θesto]
basketbalspeler (de)	baloncestista (m)	[balʲonθes'tista]
baseball (het)	béisbol (m)	['bejsβolʲ]
baseballspeler (de)	beisbolista (m)	[bejsβo'lista]
voetbal (het)	fútbol (m)	['futβolʲ]
voetballer (de)	futbolista (m)	[futβo'lista]
doelman (de)	portero (m)	[por'tero]
hockey (het)	hockey (m)	['χokej]
hockeyspeler (de)	jugador (m) de hockey	[χuga'ðor de 'χokej]
volleybal (het)	voleibol (m)	[bolej'βolʲ]
volleybalspeler (de)	voleibolista (m)	[bolejβo'lista]
boksen (het)	boxeo (m)	[bo'kseo]
bokser (de)	boxeador (m)	[boksea'ðor]
worstelen (het)	lucha (f)	['lʲutʃa]
worstelaar (de)	luchador (m)	[lʲutʃa'ðor]
karate (de)	kárate (m)	['karate]
karateka (de)	karateka (m)	[kara'teka]
judo (de)	judo (m)	['juðo]
judoka (de)	judoka (m)	[ju'ðoka]
tennis (het)	tenis (m)	['tenis]
tennisspeler (de)	tenista (m)	[te'nista]
zwemmen (het)	natación (f)	[nata'θjon]
zwemmer (de)	nadador (m)	[naða'ðor]
schermen (het)	esgrima (f)	[ez'ɣrima]
schermer (de)	esgrimidor (m)	[ezɣrimi'ðor]
schaak (het)	ajedrez (m)	[aχe'ðreθ]
schaker (de)	ajedrecista (m)	[aχeðre'θista]
alpinisme (het)	alpinismo (m)	[alʲpi'nismo]
alpinist (de)	alpinista (m)	[alʲpi'nista]
hardlopen (het)	carrera (f)	[ka'rera]

renner (de)	corredor (m)	[kore'ðor]
atletiek (de)	atletismo (m)	[atle'tismo]
atleet (de)	atleta (m)	[at'leta]

| paardensport (de) | deporte (m) hípico | [de'porte 'χipiko] |
| ruiter (de) | jinete (m) | [χi'nete] |

kunstschaatsen (het)	patinaje (m) artístico	[pati'naχe ar'tistiko]
kunstschaatser (de)	patinador (m)	[patina'ðor]
kunstschaatsster (de)	patinadora (f)	[patina'ðora]

gewichtheffen (het)	levantamiento (m) de pesas	[leβanta'mjento de 'pesas]
gewichtheffer (de)	levantador (m) de pesas	[leβanta'ðor de 'pesas]
autoraces (mv.)	carreras (f pl) de coches	[ka'reras de 'kotʃes]
coureur (de)	piloto (m) de carreras	[pi'lʲoto de ka'reras]

| wielersport (de) | ciclismo (m) | [θik'lismo] |
| wielrenner (de) | ciclista (m) | [θik'lista] |

verspringen (het)	salto (m) de longitud	['salʲto de lʲonχi'tuð]
polsstokspringen (het)	salto (m) con pértiga	['salʲto kon 'pertiga]
verspringer (de)	saltador (m)	[salʲta'ðor]

114. Soorten sporten. Diversen

Amerikaans voetbal (het)	fútbol (m) americano	['futβolʲ ameri'kano]
badminton (het)	bádminton (m)	['baðminton]
biatlon (de)	biatlón (m)	[biat'lʲon]
biljart (het)	billar (m)	[bi'jar]

bobsleeën (het)	bobsleigh (m)	['boβslej]
bodybuilding (de)	culturismo (m)	[kulʲtu'rismo]
waterpolo (het)	waterpolo (m)	[water'polʲo]
handbal (de)	balonmano (m)	[balʲon'mano]
golf (het)	golf (m)	[golʲf]

roeisport (de)	remo (m)	['remo]
duiken (het)	buceo (m)	[bu'θeo]
langlaufen (het)	esquí (m) de fondo	[es'ki de 'fondo]
tafeltennis (het)	tenis (m) de mesa	['tenis de 'mesa]

zeilen (het)	vela (f)	['belʲa]
rally (de)	rally (m)	['rali]
rugby (het)	rugby (m)	['ruχβi]
snowboarden (het)	snowboard (m)	[eznow'βorðɪŋ]
boogschieten (het)	tiro (m) con arco	['tiro kon 'arko]

115. Fitnessruimte

lange halter (de)	barra (f) de pesas	['bara de 'pesas]
halters (mv.)	pesas (f pl)	['pesas]
training machine (de)	aparato (m) de ejercicios	[apa'rato de eχer'θiθjos]

| hometrainer (de) | bicicleta (f) estática | [biθik'leta es'tatika] |
| loopband (de) | cinta (f) de correr | ['θinta de ko'rer] |

rekstok (de)	barra (f) fija	['bara 'fiχa]
brug (de) gelijke leggers	barras (f pl) paralelas	['baras para'lelⁱas]
paardsprong (de)	potro (m)	['potro]
mat (de)	colchoneta (f)	[kolⁱʧo'neta]

springtouw (het)	comba (f)	['komba]
aerobics (de)	aeróbica (f)	[ae'roβika]
yoga (de)	yoga (m)	['joga]

116. Sporten. Diversen

Olympische Spelen (mv.)	Juegos (m pl) Olímpicos	[χu'egos o'limpikos]
winnaar (de)	vencedor (m)	[benθe'ðor]
overwinnen (ww)	vencer (vi)	[ben'θer]
winnen (ww)	ganar (vi)	[ga'nar]

| leider (de) | líder (m) | ['liðer] |
| leiden (ww) | liderar (vt) | [liðe'rar] |

eerste plaats (de)	primer puesto (m)	[pri'mer pu'esto]
tweede plaats (de)	segundo puesto (m)	[se'gundo pu'esto]
derde plaats (de)	tercer puesto (m)	[ter'θer pu'esto]

medaille (de)	medalla (f)	[me'ðaja]
trofee (de)	trofeo (m)	[tro'feo]
beker (de)	copa (f)	['kopa]
prijs (de)	premio (m)	['premio]
hoofdprijs (de)	premio (m) principal	['premio prinθi'palⁱ]

| record (het) | record (m) | ['rekorð] |
| een record breken | establecer un record | [estaβle'θer un 'rekorð] |

| finale (de) | final (m) | [fi'nalⁱ] |
| finale (bn) | de final (adj) | [de fi'nalⁱ] |

| kampioen (de) | campeón (m) | [kampe'on] |
| kampioenschap (het) | campeonato (m) | [kampeo'nato] |

stadion (het)	estadio (m)	[es'taðio]
tribune (de)	gradería (f)	[graðe'ria]
fan, supporter (de)	hincha (m)	['inʧa]
tegenstander (de)	adversario (m)	[aðβer'sario]

| start (de) | arrancadero (m) | [araŋka'ðero] |
| finish (de) | línea (f) de meta | ['linea de 'meta] |

| nederlaag (de) | derrota (f) | [de'rota] |
| verliezen (ww) | perder (vi) | [per'ðer] |

| rechter (de) | árbitro (m) | ['arβitro] |
| jury (de) | jurado (m) | [χu'raðo] |

stand (~ is 3-1)	cuenta (f)	[ku'enta]
gelijkspel (het)	empate (m)	[em'pate]
in gelijk spel eindigen	empatar (vi)	[empa'tar]
punt (het)	punto (m)	['punto]
uitslag (de)	resultado (m)	[resulʲ'taðo]
periode (de)	tiempo (m)	['tjempo]
pauze (de)	descanso (m)	[des'kanso]
doping (de)	droga (f), doping (m)	['droga], ['dopin]
straffen (ww)	penalizar (vt)	[penali'θar]
diskwalificeren (ww)	descalificar (vt)	[deskalifi'kar]
toestel (het)	aparato (m)	[apa'rato]
speer (de)	jabalina (f)	[xaβa'lina]
kogel (de)	peso (m)	['peso]
bal (de)	bola (f)	['bolʲa]
doel (het)	objetivo (m)	[oβxe'tiβo]
schietkaart (de)	blanco (m)	['blʲaŋko]
schieten (ww)	tirar (vi)	[ti'rar]
precies (bijv. precieze schot)	preciso (adj)	[pre'θiso]
trainer, coach (de)	entrenador (m)	[entrena'ðor]
trainen (ww)	entrenar (vt)	[entre'nar]
zich trainen (ww)	entrenarse (vr)	[entre'narse]
training (de)	entrenamiento (m)	[entrena'mjento]
gymnastiekzaal (de)	gimnasio (m)	[xim'nasio]
oefening (de)	ejercicio (m)	[exer'θiθio]
opwarming (de)	calentamiento (m)	[kalenta'mjento]

Onderwijs

school (de)	escuela (f)	[esku'elʲa]
schooldirecteur (de)	director (m) de escuela	[direk'tor de esku'elʲa]
leerling (de)	alumno (m)	[a'lʲumno]
leerlinge (de)	alumna (f)	[a'lʲumna]
scholier (de)	escolar (m)	[esko'lʲar]
scholiere (de)	escolar (f)	[esko'lʲar]
leren (lesgeven)	enseñar (vt)	[ense'njar]
studeren (bijv. een taal ~)	aprender (vt)	[apren'der]
van buiten leren	aprender de memoria	[apren'der de me'moria]
leren (bijv. ~ tellen)	aprender (vt)	[apren'der]
in school zijn	estar en la escuela	[es'tar en lʲa esku'elʲa]
(schooljongen zijn)		
naar school gaan	ir a la escuela	[ir a lʲa esku'elʲa]
alfabet (het)	alfabeto (m)	[alʲfa'βeto]
vak (schoolvak)	materia (f)	[ma'teria]
klaslokaal (het)	aula (f)	[aulʲa]
les (de)	lección (f)	[lek'θjon]
pauze (de)	recreo (m)	[re'kreo]
bel (de)	campana (f)	[kam'pana]
schooltafel (de)	pupitre (m)	[pu'pitre]
schoolbord (het)	pizarra (f)	[pi'θara]
cijfer (het)	nota (f)	['nota]
goed cijfer (het)	buena nota (f)	[bu'ena 'nota]
slecht cijfer (het)	mala nota (f)	['malʲa 'nota]
een cijfer geven	poner una nota	[po'ner 'una 'nota]
fout (de)	falta (f)	['falʲta]
fouten maken	hacer faltas	[a'θer 'falʲtas]
corrigeren (fouten ~)	corregir (vt)	[kore'χir]
spiekbriefje (het)	chuleta (f)	[ʧu'leta]
huiswerk (het)	deberes (m pl) de casa	[de'βeres de 'kasa]
oefening (de)	ejercicio (m)	[eχer'θiθio]
aanwezig zijn (ww)	estar presente	[es'tar pre'sente]
absent zijn (ww)	estar ausente	[es'tar au'sente]
school verzuimen	faltar a las clases	[falʲ'tar a lʲas 'klʲases]
bestraffen (een stout kind ~)	castigar (vt)	[kasti'gar]
bestraffing (de)	castigo (m)	[kas'tigo]

gedrag (het)	conducta (f)	[kon'dukta]
cijferlijst (de)	libreta (f) de notas	[li'βreta de 'notas]
potlood (het)	lápiz (m)	['lʲapiθ]
gom (de)	goma (f) de borrar	['goma de bo'rar]
krijt (het)	tiza (f)	['tiθa]
pennendoos (de)	cartuchera (f)	[kartu'ʧera]

boekentas (de)	mochila (f)	[mo'ʧilʲa]
pen (de)	bolígrafo (m)	[bo'liɣrafo]
schrift (de)	cuaderno (m)	[kua'ðerno]
leerboek (het)	manual (m)	[manu'alʲ]
passer (de)	compás (m)	[kom'pas]

| technisch tekenen (ww) | trazar (vi, vt) | [tra'θar] |
| technische tekening (de) | dibujo (m) técnico | [di'βuxo 'tekniko] |

gedicht (het)	poema (m), poesía (f)	[po'ema], [poe'sia]
van buiten (bw)	de memoria (adv)	[de me'moria]
van buiten leren	aprender de memoria	[apren'der de me'moria]

vakantie (de)	vacaciones (f pl)	[baka'θjones]
met vakantie zijn	estar de vacaciones	[es'tar de baka'θjones]
vakantie doorbrengen	pasar las vacaciones	[pa'sar lʲas baka'θjones]

toets (schriftelijke ~)	prueba (f) escrita	[pru'eβa es'krita]
opstel (het)	composición (f)	[komposi'θjon]
dictee (het)	dictado (m)	[dik'taðo]
examen (het)	examen (m)	[e'ksamen]
examen afleggen	hacer un examen	[a'θer un e'ksamen]
experiment (het)	experimento (m)	[eksperi'mento]

118. Hogeschool. Universiteit

academie (de)	academia (f)	[aka'ðemia]
universiteit (de)	universidad (f)	[uniβersi'ðað]
faculteit (de)	facultad (f)	[fakulʲ'tað]

student (de)	estudiante (m)	[estu'ðjante]
studente (de)	estudiante (f)	[estu'ðjante]
leraar (de)	profesor (m)	[profe'sor]

| collegezaal (de) | aula (f) | ['aulʲa] |
| afgestudeerde (de) | graduado (m) | [graðu'aðo] |

| diploma (het) | diploma (m) | [di'plʲoma] |
| dissertatie (de) | tesis (f) de grado | ['tesis de 'graðo] |

| onderzoek (het) | estudio (m) | [es'tuðio] |
| laboratorium (het) | laboratorio (m) | [lʲaβora'torio] |

college (het)	clase (f)	['klʲase]
medestudent (de)	compañero (m) de curso	[kompa'njero de 'kurso]
studiebeurs (de)	beca (f)	['beka]
academische graad (de)	grado (m) académico	['graðo aka'ðemiko]

119. Wetenschappen. Disciplines

wiskunde (de)	matemáticas (f pl)	[mate'matikas]
algebra (de)	álgebra (f)	['alχeβra]
meetkunde (de)	geometría (f)	[χeome'tria]

astronomie (de)	astronomía (f)	[astrono'mia]
biologie (de)	biología (f)	[bioljo'χia]
geografie (de)	geografía (f)	[χeoɣra'fia]
geologie (de)	geología (f)	[χeoljo'χia]
geschiedenis (de)	historia (f)	[is'toria]

geneeskunde (de)	medicina (f)	[meði'θina]
pedagogiek (de)	pedagogía (f)	[peðago'χia]
rechten (mv.)	derecho (m)	[de'reʧo]

fysica, natuurkunde (de)	física (f)	['fisika]
scheikunde (de)	química (f)	['kimika]
filosofie (de)	filosofía (f)	[filjoso'fia]
psychologie (de)	psicología (f)	[sikoljo'χia]

120. Schrift. Spelling

grammatica (de)	gramática (f)	[gra'matika]
vocabulaire (het)	vocabulario (m)	[bokaβu'ljario]
fonetiek (de)	fonética (f)	[fo'netika]

zelfstandig naamwoord (het)	sustantivo (m)	[sustan'tiβo]
bijvoeglijk naamwoord (het)	adjetivo (m)	[aðχe'tiβo]
werkwoord (het)	verbo (m)	['berβo]
bijwoord (het)	adverbio (m)	[að'βerβio]

voornaamwoord (het)	pronombre (m)	[pro'nombre]
tussenwerpsel (het)	interjección (f)	[interχek'θjon]
voorzetsel (het)	preposición (f)	[preposi'θjon]

stam (de)	raíz (f), radical (m)	[ra'iθ], [raði'kalj]
achtervoegsel (het)	desinencia (f)	[desi'nenθia]
voorvoegsel (het)	prefijo (m)	[pre'fiχo]
lettergreep (de)	sílaba (f)	['siljaβa]
achtervoegsel (het)	sufijo (m)	[su'fiχo]

nadruk (de)	acento (m)	[a'θento]
afkappingsteken (het)	apóstrofo (m)	[a'postrofo]

punt (de)	punto (m)	['punto]
komma (de/het)	coma (m)	['koma]
puntkomma (de)	punto y coma	['punto i 'koma]
dubbelpunt (de)	dos puntos (m pl)	[dos 'puntos]
beletselteken (het)	puntos (m pl) suspensivos	['puntos suspen'siβos]

vraagteken (het)	signo (m) de interrogación	['siɣno de interoga'θjon]
uitroepteken (het)	signo (m) de admiración	['siɣno de aðmira'θjon]

aanhalingstekens (mv.)	comillas (f pl)	[ko'mijas]
tussen aanhalingstekens (bw)	entre comillas	['entre ko'mijas]
haakjes (mv.)	paréntesis (m)	[pa'rentesis]
tussen haakjes (bw)	entre paréntesis	['entre pa'rentesis]

streepje (het)	guión (m)	[gi'jon]
gedachtestreepje (het)	raya (f)	['raja]
spatie	blanco (m)	['bلّaŋko]
(~ tussen twee woorden)		

| letter (de) | letra (f) | ['letra] |
| hoofdletter (de) | letra (f) mayúscula | ['letra ma'juskulّa] |

| klinker (de) | vocal (f) | [bo'kalّ] |
| medeklinker (de) | consonante (m) | [konso'nante] |

zin (de)	oración (f)	[ora'θjon]
onderwerp (het)	sujeto (m)	[su'χeto]
gezegde (het)	predicado (m)	[preði'kaðo]

regel (in een tekst)	línea (f)	['linea]
op een nieuwe regel (bw)	en una nueva línea	[en 'una nu'eβa 'linea]
alinea (de)	párrafo (m)	['parafo]

woord (het)	palabra (f)	[pa'lّaβra]
woordgroep (de)	combinación (f) de palabras	[kombina'θjon de pa'lّaβras]
uitdrukking (de)	expresión (f)	[ekspre'θjon]
synoniem (het)	sinónimo (m)	[si'nonimo]
antoniem (het)	antónimo (m)	[an'tonimo]

regel (de)	regla (f)	['reɣlّa]
uitzondering (de)	excepción (f)	[ekθep'θjon]
correct (bijv. ~e spelling)	correcto (adj)	[ko'rekto]

vervoeging, conjugatie (de)	conjugación (f)	[konχuga'θjon]
verbuiging, declinatie (de)	declinación (f)	[deklina'θjon]
naamval (de)	caso (m)	['kaso]
vraag (de)	pregunta (f)	[pre'gunta]
onderstrepen (ww)	subrayar (vt)	[suβra'jar]
stippellijn (de)	línea (f) de puntos	['linea de 'puntos]

121. Vreemde talen

taal (de)	lengua (f)	['lengua]
vreemd (bn)	extranjero (adj)	[ekstran'χero]
vreemde taal (de)	lengua (f) extranjera	['lengua ekstran'χera]
leren (bijv. van buiten ~)	estudiar (vt)	[estu'ðjar]
studeren (Nederlands ~)	aprender (vt)	[apren'der]

lezen (ww)	leer (vi, vt)	[le'er]
spreken (ww)	hablar (vi, vt)	[a'βlّar]
begrijpen (ww)	comprender (vt)	[kompren'der]
schrijven (ww)	escribir (vt)	[eskri'βir]
snel (bw)	rápidamente (adv)	['rapiða'mente]

langzaam (bw)	lentamente (adv)	[lenta'mente]
vloeiend (bw)	con fluidez (adv)	[kon flʲui'ðeθ]

regels (mv.)	reglas (f pl)	['reɣlʲas]
grammatica (de)	gramática (f)	[gra'matika]
vocabulaire (het)	vocabulario (m)	[bokaβu'lʲario]
fonetiek (de)	fonética (f)	[fo'netika]

leerboek (het)	manual (m)	[manu'alʲ]
woordenboek (het)	diccionario (m)	[dikθjo'nario]
leerboek (het) voor zelfstudie	manual (m) autodidáctico	[manu'alʲ autoði'ðaktiko]
taalgids (de)	guía (f) de conversación	['gia de kombersa'θjon]

cassette (de)	casete (m)	[ka'sete]
videocassette (de)	videocasete (f)	[biðeo·ka'sete]
CD (de)	disco compacto (m)	['disko kom'pakto]
DVD (de)	DVD (m)	[deβe'de]

alfabet (het)	alfabeto (m)	[alʲfa'βeto]
spellen (ww)	deletrear (vt)	[deletre'ar]
uitspraak (de)	pronunciación (f)	[pronunθja'θjon]

accent (het)	acento (m)	[a'θento]
met een accent (bw)	con acento	[kon a'θento]
zonder accent (bw)	sin acento	[sin a'θento]

woord (het)	palabra (f)	[pa'lʲaβra]
betekenis (de)	significado (m)	[siɣnifi'kaðo]

cursus (de)	cursos (m pl)	['kursos]
zich inschrijven (ww)	inscribirse (vr)	[inskri'βirse]
leraar (de)	profesor (m)	[profe'sor]

vertaling (een ~ maken)	traducción (f)	[traðuk'θjon]
vertaling (tekst)	traducción (f)	[traðuk'θjon]
vertaler (de)	traductor (m)	[traðuk'tor]
tolk (de)	intérprete (m)	[in'terprete]

polyglot (de)	políglota (m)	[po'liɣlʲota]
geheugen (het)	memoria (f)	[me'moria]

122. Sprookjesfiguren

Sinterklaas (de)	Papá Noel (m)	[pa'pa no'elʲ]
Assepoester (de)	Cenicienta (f)	[θeni'θjenta]
zeemeermin (de)	sirena (f)	[si'rena]
Neptunus (de)	Neptuno	[nep'tuno]

magiër, tovenaar (de)	mago (m)	['mago]
goede heks (de)	maga (f)	['maga]
magisch (bn)	mágico (adj)	['maχiko]
toverstokje (het)	varita (f) mágica	[ba'rita 'maχika]
sprookje (het)	cuento (m) de hadas	[ku'ento de 'aðas]
wonder (het)	milagro (m)	[mi'lʲaɣro]

dwerg (de)	enano (m)	[e'nano]
veranderen in …	transformarse en …	[transfor'marse en]
(anders worden)		

geest (de)	fantasma (m)	[fan'tasma]
spook (het)	espíritu (m)	[es'piritu]
monster (het)	monstruo (m)	['monstruo]
draak (de)	dragón (m)	[dra'ɣon]
reus (de)	gigante (m)	[χi'gante]

123. Dierenriem

Ram (de)	Aries (m)	['aries]
Stier (de)	Tauro (m)	['tauro]
Tweelingen (mv.)	Géminis (m pl)	['χeminis]
Kreeft (de)	Cáncer (m)	['kanθer]
Leeuw (de)	Leo (m)	['leo]
Maagd (de)	Virgo (m)	['birgo]

Weegschaal (de)	Libra (f)	['liβra]
Schorpioen (de)	Escorpio (m)	[es'korpio]
Boogschutter (de)	Sagitario (m)	[saχi'tario]
Steenbok (de)	Capricornio (m)	[kapri'kornio]
Waterman (de)	Acuario (m)	[aku'ario]
Vissen (mv.)	Piscis (m pl)	['piθis]

karakter (het)	carácter (m)	[ka'rakter]
karaktertrekken (mv.)	rasgos (m pl) de carácter	['rasgos de ka'rakter]
gedrag (het)	conducta (f)	[kon'dukta]
waarzeggen (ww)	decir la buenaventura	[de'θir lˈa buenaβen'tura]
waarzegster (de)	adivinadora (f)	[aðiβina'ðora]
horoscoop (de)	horóscopo (m)	[o'roskopo]

Kunst

theater (het)	teatro (m)	[te'atro]
opera (de)	ópera (f)	['opera]
operette (de)	opereta (f)	[ope'reta]
ballet (het)	ballet (m)	[ba'let]
affiche (de/het)	cartelera (f)	[karte'lera]
theatergezelschap (het)	compañía (f)	[kompa'njia]
tournee (de)	gira (f) artística	['xira ar'tistika]
op tournee zijn	hacer una gira artística	[a'θer una 'xira ar'tistika]
repeteren (ww)	ensayar (vi, vt)	[ensa'jar]
repetitie (de)	ensayo (m)	[en'sajo]
repertoire (het)	repertorio (m)	[reper'torio]
voorstelling (de)	representación (f)	[representa'θjon]
spektakel (het)	espectáculo (m)	[espek'takulʲo]
toneelstuk (het)	pieza (f) de teatro	['pjeθa de te'atro]
biljet (het)	billet (m)	[bi'je]
kassa (de)	taquilla (f)	[ta'kija]
foyer (de)	vestíbulo (m)	[bes'tiβulʲo]
garderobe (de)	guardarropa (f)	[guarða'ropa]
garderobe nummer (het)	ficha (f) de guardarropa	['fitʃa de guarða'ropa]
verrekijker (de)	gemelos (m pl)	[xe'melʲos]
plaatsaanwijzer (de)	acomodador (m)	[akomoða'ðor]
parterre (de)	patio (m) de butacas	['patjo de bu'takas]
balkon (het)	balconcillo (m)	[balkon'θijo]
gouden rang (de)	entresuelo (m)	[entresu'elʲo]
loge (de)	palco (m)	['palʲko]
rij (de)	fila (f)	['filʲa]
plaats (de)	asiento (m)	[a'sjento]
publiek (het)	público (m)	['puβliko]
kijker (de)	espectador (m)	[espekta'ðor]
klappen (ww)	aplaudir (vi, vt)	[aplʲau'ðir]
applaus (het)	aplausos (m pl)	[ap'lʲausos]
ovatie (de)	ovación (f)	[oβa'θjon]
toneel (op het ~ staan)	escenario (m)	[eθe'nario]
gordijn, doek (het)	telón (m)	[te'lʲon]
toneeldecor (het)	decoración (f)	[dekora'θjon]
backstage (de)	bastidores (m pl)	[basti'ðores]
scène (de)	escena (f)	[eθ'sena]
bedrijf (het)	acto (m)	['akto]
pauze (de)	entreacto (m)	[entre'akto]

125. Bioscoop

acteur (de)	actor (m)	[ak'tor]
actrice (de)	actriz (f)	[ak'triθ]
bioscoop (de)	cine (m)	['θine]
speelfilm (de)	película (f)	[pe'likuˡa]
aflevering (de)	episodio (m)	[epi'soðio]
detectivefilm (de)	película (f) policíaca	[pe'likuˡa poli'θiaka]
actiefilm (de)	película (f) de acción	[pe'likuˡa de ak'θjon]
avonturenfilm (de)	película (f) de aventura	[pe'likuˡa de aβen'tura]
sciencefictionfilm (de)	película (f) de ciencia ficción	[pe'likul?a de '?jen?ia fik'?jon]
griezelfilm (de)	película (f) de horror	[pe'likuˡa de o'ror]
komedie (de)	película (f) cómica	[pe'likuˡa 'komika]
melodrama (het)	melodrama (m)	[melˡo'ðrama]
drama (het)	drama (m)	['drama]
speelfilm (de)	película (f) de ficción	[pe'likuˡa de fik'θjon]
documentaire (de)	documental (m)	[dokumen'talˡ]
tekenfilm (de)	dibujos (m pl) animados	[di'βuχos ani'maðos]
stomme film (de)	cine (m) mudo	['θine 'muðo]
rol (de)	papel (m)	[pa'pelˡ]
hoofdrol (de)	papel (m) principal	[pa'pelʲ prinθi'palˡ]
spelen (ww)	interpretar (vt)	[interpre'tar]
filmster (de)	estrella (f) de cine	[es'treja de 'θine]
bekend (bn)	conocido (adj)	[kono'θiðo]
beroemd (bn)	famoso (adj)	[fa'moso]
populair (bn)	popular (adj)	[popu'lʲar]
scenario (het)	guión (m) de cine	[gi'jon de 'θine]
scenarioschrijver (de)	guionista (m)	[gijo'nista]
regisseur (de)	director (m) de cine	[direk'tor de 'θine]
filmproducent (de)	productor (m)	[proðuk'tor]
assistent (de)	asistente (m)	[asis'tente]
cameraman (de)	operador (m) de cámara	[opera'ðor de 'kamara]
stuntman (de)	doble (m) de riesgo	['doβle de 'rjesgo]
stuntdubbel (de)	doble (m)	['doβle]
een film maken	filmar una película	[filˡ'mar una pe'likuˡa]
auditie (de)	audición (f)	[auði'θjon]
opnamen (mv.)	rodaje (m)	[ro'ðaχe]
filmploeg (de)	equipo (m) de rodaje	[e'kipo de ro'ðaχe]
filmset (de)	plató (m) de rodaje	[plʲa'to de ro'ðaχe]
filmcamera (de)	cámara (f)	['kamara]
bioscoop (de)	cine (m)	['θine]
scherm (het)	pantalla (f)	[pan'taja]
een film vertonen	mostrar la película	[mos'trar lʲa pe'likuˡa]
geluidsspoor (de)	pista (f) sonora	['pista so'nora]
speciale effecten (mv.)	efectos (m pl) especiales	[e'fektos espe'θjales]

115

ondertiteling (de)	subtítulos (m pl)	[suβ'tituⁱos]
voortiteling, aftiteling (de)	créditos (m pl)	['kreðitos]
vertaling (de)	traducción (f)	[traðuk'θjon]

126. Schilderij

kunst (de)	arte (m)	['arte]
schone kunsten (mv.)	bellas artes (f pl)	['bejas 'artes]
kunstgalerie (de)	galería (f) de arte	[gale'ria de 'arte]
kunsttentoonstelling (de)	exposición (f) de arte	[eksposi'θjon de 'arte]

schilderkunst (de)	pintura (f)	[pin'tura]
grafiek (de)	gráfica (f)	['grafika]
abstracte kunst (de)	abstraccionismo (m)	[aβstrakθjo'nismo]
impressionisme (het)	impresionismo (m)	[impresjo'nismo]

schilderij (het)	pintura (f)	[pin'tura]
tekening (de)	dibujo (m)	[di'βuχo]
poster (de)	pancarta (f)	[paɲ'karta]

illustratie (de)	ilustración (f)	[ilⁱustra'θjon]
miniatuur (de)	miniatura (f)	[minia'tura]
kopie (de)	copia (f)	['kopia]
reproductie (de)	reproducción (f)	[reproðuk'θjon]

mozaïek (het)	mosaico (m)	[mo'saiko]
gebrandschilderd glas (het)	vitral (m)	[bi'tralⁱ]
fresco (het)	fresco (m)	['fresko]
gravure (de)	grabado (m)	[gra'βaðo]

buste (de)	busto (m)	['busto]
beeldhouwwerk (het)	escultura (f)	[eskulⁱ'tura]
beeld (bronzen ~)	estatua (f)	[es'tatua]
gips (het)	yeso (m)	['jeso]
gipsen (bn)	en yeso (adj)	[en 'jeso]

portret (het)	retrato (m)	[re'trato]
zelfportret (het)	autorretrato (m)	[autore'trato]
landschap (het)	paisaje (m)	[paj'saχe]
stilleven (het)	naturaleza (f) muerta	[natura'leθa mu'erta]
karikatuur (de)	caricatura (m)	[karika'tura]
schets (de)	boceto (m)	[bo'θeto]

verf (de)	pintura (f)	[pin'tura]
aquarel (de)	acuarela (f)	[akua'relⁱa]
olieverf (de)	óleo (m)	['oleo]
potlood (het)	lápiz (m)	['lⁱapiθ]
Oost-Indische inkt (de)	tinta (f) china	['tinta 'ʧina]
houtskool (de)	carboncillo (m)	[karβon'θijo]

tekenen (met krijt)	dibujar (vi, vt)	[diβu'χar]
schilderen (ww)	pintar (vi, vt)	[pin'tar]
poseren (ww)	posar (vi)	[po'sar]
naaktmodel (man)	modelo (m)	[mo'ðelⁱo]

naaktmodel (vrouw)	modelo (f)	[mo'ðelʲo]
kunstenaar (de)	pintor (m)	[pin'tor]
kunstwerk (het)	obra (f) de arte	['oβra de 'arte]
meesterwerk (het)	obra (f) maestra	['oβra ma'estra]
studio, werkruimte (de)	estudio (m)	[es'tuðio]

schildersdoek (het)	lienzo (m)	['lʲienθo]
schildersezel (de)	caballete (m)	[kaβa'jete]
palet (het)	paleta (f)	[pa'leta]

lijst (een vergulde ~)	marco (m)	['marko]
restauratie (de)	restauración (f)	[restaura'θjon]
restaureren (ww)	restaurar (vt)	[restau'rar]

127. Literatuur & Poëzie

literatuur (de)	literatura (f)	[litera'tura]
auteur (de)	autor (m)	[au'tor]
pseudoniem (het)	seudónimo (m)	[seu'ðonimo]

boek (het)	libro (m)	['liβro]
boekdeel (het)	tomo (m)	['tomo]
inhoudsopgave (de)	tabla (f) de contenidos	['taβlʲa de konte'niðos]
pagina (de)	página (f)	['paxina]
hoofdpersoon (de)	héroe (m) principal	['eroe prinθi'palʲ]
handtekening (de)	autógrafo (m)	[au'toɣrafo]

verhaal (het)	relato (m) corto	[re'lʲato 'korto]
novelle (de)	cuento (m)	[ku'ento]
roman (de)	novela (f)	[no'βelʲa]
werk (literatuur)	obra (f) literaria	['oβra lite'raria]
fabel (de)	fábula (f)	['faβulʲa]
detectiveroman (de)	novela (f) policíaca	[no'βelʲa poli'θiaka]

gedicht (het)	verso (m)	['berso]
poëzie (de)	poesía (f)	[poe'sia]
epos (het)	poema (m)	[po'ema]
dichter (de)	poeta (m)	[po'eta]

fictie (de)	bellas letras (f pl)	['bejas 'letras]
sciencefiction (de)	ciencia ficción (f)	['θjenθia fik'θjon]
avonturenroman (de)	aventuras (f pl)	[aβen'turas]
opvoedkundige literatuur (de)	literatura (f) didáctica	[litera'tura di'ðaktika]
kinderliteratuur (de)	literatura (f) infantil	[litera'tura iɱfan'tilʲ]

128. Circus

circus (de/het)	circo (m)	['θirko]
chapiteau circus (de/het)	circo (m) ambulante	['θirko ambu'lʲante]
programma (het)	programa (m)	[pro'ɣrama]
voorstelling (de)	representación (f)	[representa'θjon]
nummer (circus ~)	número (m)	['numero]

arena (de)	arena (f)	[a'rena]
pantomime (de)	pantomima (f)	[panto'mima]
clown (de)	payaso (m)	[pa'jaso]

acrobaat (de)	acróbata (m)	[a'kroβata]
acrobatiek (de)	acrobacia (f)	[akro'βaθia]
gymnast (de)	gimnasta (m)	[χim'nasta]
gymnastiek (de)	gimnasia (f) acrobática	[χim'nasia akro'βatika]
salto (de)	salto (m)	['salʲto]

sterke man (de)	forzudo (m)	[for'θuðo]
temmer (de)	domador (m)	[doma'ðor]
ruiter (de)	caballista (m)	[kaβa'jista]
assistent (de)	asistente (m)	[asis'tente]

stunt (de)	truco (m)	['truko]
goocheltruc (de)	truco (m) de magia	['truko de 'maχia]
goochelaar (de)	ilusionista (m)	[ilʲusjo'nista]

jongleur (de)	malabarista (m)	[malʲaβa'rista]
jongleren (ww)	malabarear (vt)	[malʲaβare'ar]
dierentrainer (de)	amaestrador (m)	[amaestra'ðor]
dressuur (de)	amaestramiento (m)	[amaestra'mjento]
dresseren (ww)	amaestrar (vt)	[amaes'trar]

129. Muziek. Popmuziek

muziek (de)	música (f)	['musika]
muzikant (de)	músico (m)	['musiko]
muziekinstrument (het)	instrumento (m) musical	[instru'mento musi'kalʲ]
spelen (bijv. gitaar ~)	tocar ...	[to'kar]

gitaar (de)	guitarra (f)	[gi'tara]
viool (de)	violín (m)	[bio'lin]
cello (de)	violonchelo (m)	[biolʲon'ʧelʲo]
contrabas (de)	contrabajo (m)	[kontra'βaχo]
harp (de)	arpa (f)	['arpa]

piano (de)	piano (m)	['pjano]
vleugel (de)	piano (m) de cola	['pjano de 'kolʲa]
orgel (het)	órgano (m)	['organo]

blaasinstrumenten (mv.)	instrumentos (m pl) de viento	[instru'mentos de 'bjento]
hobo (de)	oboe (m)	[o'βoe]
saxofoon (de)	saxofón (m)	[sakso'fon]
klarinet (de)	clarinete (m)	[klʲari'nete]
fluit (de)	flauta (f)	['flʲauta]
trompet (de)	trompeta (f)	[trom'peta]

| accordeon (de/het) | acordeón (m) | [akorðe'on] |
| trommel (de) | tambor (m) | [tam'bor] |

| duet (het) | dúo (m) | ['duo] |
| trio (het) | trío (m) | ['trio] |

kwartet (het)	cuarteto (m)	[kuar'teto]
koor (het)	coro (m)	['koro]
orkest (het)	orquesta (f)	[or'kesta]

popmuziek (de)	música (f) pop	['musika pop]
rockmuziek (de)	música (f) rock	['musika rok]
rockgroep (de)	grupo (m) de rock	['grupo de rok]
jazz (de)	jazz (m)	[ʤias]

| idool (het) | ídolo (m) | ['iðolio] |
| bewonderaar (de) | admirador (m) | [aðmira'ðor] |

concert (het)	concierto (m)	[kon'θjerto]
symfonie (de)	sinfonía (f)	[siɲfo'nia]
compositie (de)	composición (f)	[komposi'θjon]
componeren (muziek ~)	escribir (vt)	[eskri'βir]

zang (de)	canto (m)	['kanto]
lied (het)	canción (f)	[kan'θjon]
melodie (de)	melodía (f)	[melio'ðia]
ritme (het)	ritmo (m)	['riðmo]
blues (de)	blues (m)	[blius]

bladmuziek (de)	notas (f pl)	['notas]
dirigeerstok (baton)	batuta (f)	[ba'tuta]
strijkstok (de)	arco (m)	['arko]
snaar (de)	cuerda (f)	[ku'erða]
koffer (de)	estuche (m)	[es'tutʃe]

Rusten. Entertainment. Reizen

130. Trip. Reizen

toerisme (het)	turismo (m)	[tu'rismo]
toerist (de)	turista (m)	[tu'rista]
reis (de)	viaje (m)	['bjaχe]
avontuur (het)	aventura (f)	[aβen'tura]
tocht (de)	viaje (m)	['bjaχe]
vakantie (de)	vacaciones (f pl)	[baka'θjones]
met vakantie zijn	estar de vacaciones	[es'tar de baka'θjones]
rust (de)	descanso (m)	[des'kanso]
trein (de)	tren (m)	['tren]
met de trein	en tren	[en 'tren]
vliegtuig (het)	avión (m)	[a'βjon]
met het vliegtuig	en avión	[en a'βjon]
met de auto	en coche	[en 'kotʃe]
per schip (bw)	en barco	[en 'barko]
bagage (de)	equipaje (m)	[eki'paχe]
valies (de)	maleta (f)	[ma'leta]
bagagekarretje (het)	carrito (m) de equipaje	[ka'rito de eki'paχe]
paspoort (het)	pasaporte (m)	[pasa'porte]
visum (het)	visado (m)	[bi'saðo]
kaartje (het)	billete (m)	[bi'jete]
vliegticket (het)	billete (m) de avión	[bi'jete de a'βjon]
reisgids (de)	guía (f)	['gia]
kaart (de)	mapa (m)	['mapa]
gebied (landelijk ~)	área (f)	['area]
plaats (de)	lugar (m)	[ʎu'gar]
exotische bestemming (de)	exotismo (m)	[ekso'tismo]
exotisch (bn)	exótico (adj)	[e'ksotiko]
verwonderlijk (bn)	asombroso (adj)	[asom'broso]
groep (de)	grupo (m)	['grupo]
rondleiding (de)	excursión (f)	[eskur'θjon]
gids (de)	guía (m)	['gia]

131. Hotel

hotel (het)	hotel (m)	[o'teʎ]
motel (het)	motel (m)	[mo'teʎ]
3-sterren	de tres estrellas	[de 'tres es'trejas]

| 5-sterren | de cinco estrellas | [de 'θiŋko es'trejas] |
| overnachten (ww) | hospedarse (vr) | [ospe'ðarse] |

kamer (de)	habitación (f)	[aβita'θjon]
eenpersoonskamer (de)	habitación (f) individual	[aβita'θjon indiβiðu'alʲ]
tweepersoonskamer (de)	habitación (f) doble	[aβita'θjon 'doβle]
een kamer reserveren	reservar una habitación	[reser'βar 'una aβita'θjon]

| halfpension (het) | media pensión (f) | ['meðia pen'θjon] |
| volpension (het) | pensión (f) completa | [pen'θjon kom'pleta] |

met badkamer	con baño	[kon 'banjo]
met douche	con ducha	[kon 'dutʃa]
satelliet-tv (de)	televisión (f) satélite	[teleβi'θjon sa'telite]
airconditioner (de)	climatizador (m)	[klimatiθa'ðor]
handdoek (de)	toalla (f)	[to'aja]
sleutel (de)	llave (f)	['jaβe]

administrateur (de)	administrador (m)	[aðministra'ðor]
kamermeisje (het)	camarera (f)	[kama'rera]
piccolo (de)	maletero (m)	[male'tero]
portier (de)	portero (m)	[por'tero]

restaurant (het)	restaurante (m)	[restau'rante]
bar (de)	bar (m)	[bar]
ontbijt (het)	desayuno (m)	[desa'juno]
avondeten (het)	cena (f)	['θena]
buffet (het)	buffet (m) libre	[bu'fet 'liβre]

| hal (de) | vestíbulo (m) | [bes'tiβulʲo] |
| lift (de) | ascensor (m) | [aθen'sor] |

| NIET STOREN | NO MOLESTAR | [no moles'tar] |
| VERBODEN TE ROKEN! | PROHIBIDO FUMAR | [proi'βiðo fu'mar] |

132. Boeken. Lezen

boek (het)	libro (m)	['liβro]
auteur (de)	autor (m)	[au'tor]
schrijver (de)	escritor (m)	[eskri'tor]
schrijven (een boek)	escribir (vt)	[eskri'βir]

lezer (de)	lector (m)	[lek'tor]
lezen (ww)	leer (vi, vt)	[le'er]
lezen (het)	lectura (f)	[lek'tura]

| stil (~ lezen) | en silencio | [en si'lenθio] |
| hardop (~ lezen) | en voz alta | [en 'boθ 'alʲta] |

uitgeven (boek ~)	editar (vt)	[eði'tar]
uitgeven (het)	edición (f)	[eði'θjon]
uitgever (de)	editor (m)	[eði'tor]
uitgeverij (de)	editorial (f)	[eðito'rjalʲ]
verschijnen (bijv. boek)	salir (vt)	[sa'lir]

verschijnen (het)	salida (f)	[sa'liða]
oplage (de)	tirada (f)	[ti'raða]
boekhandel (de)	librería (f)	[liβre'ria]
bibliotheek (de)	biblioteca (f)	[biβlio'teka]
novelle (de)	cuento (m)	[ku'ento]
verhaal (het)	relato (m) corto	[re'lʲato 'korto]
roman (de)	novela (f)	[no'βelʲa]
detectiveroman (de)	novela (f) policíaca	[no'βelʲa poli'θiaka]
memoires (mv.)	memorias (f pl)	[me'morias]
legende (de)	leyenda (f)	[le'jenda]
mythe (de)	mito (m)	['mito]
gedichten (mv.)	versos (m pl)	['bersos]
autobiografie (de)	autobiografía (f)	[autoβioɣra'fia]
bloemlezing (de)	obras (f pl) escogidas	['oβras esko'xiðas]
sciencefiction (de)	ciencia ficción (f)	['θjenθia fik'θjon]
naam (de)	título (m)	['titulʲo]
inleiding (de)	introducción (f)	[introðuk'θjon]
voorblad (het)	portada (f)	[por'taða]
hoofdstuk (het)	capítulo (m)	[ka'pitulʲo]
fragment (het)	extracto (m)	[eks'trakto]
episode (de)	episodio (m)	[epi'soðio]
intrige (de)	sujeto (m)	[su'xeto]
inhoud (de)	contenido (m)	[konte'niðo]
inhoudsopgave (de)	tabla (f) de contenidos	['taβlʲa de konte'niðos]
hoofdpersonage (het)	héroe (m) principal	['eroe prinθi'palʲ]
boekdeel (het)	tomo (m)	['tomo]
omslag (de/het)	cubierta (f)	[ku'βjerta]
boekband (de)	encuadernado (m)	[eŋkuaðer'naðo]
bladwijzer (de)	marcador (m) de libro	[marka'ðor de 'liβro]
pagina (de)	página (f)	['paxina]
bladeren (ww)	hojear (vt)	[oxe'ar]
marges (mv.)	márgenes (m pl)	['marxenes]
annotatie (de)	anotación (f)	[anota'θjon]
opmerking (de)	nota (f) al pie	['nota alʲ pje]
tekst (de)	texto (m)	['teksto]
lettertype (het)	fuente (f)	[fu'ente]
drukfout (de)	errata (f)	[e'rata]
vertaling (de)	traducción (f)	[traðuk'θjon]
vertalen (ww)	traducir (vt)	[traðu'θir]
origineel (het)	original (m)	[orixi'nalʲ]
beroemd (bn)	famoso (adj)	[fa'moso]
onbekend (bn)	desconocido (adj)	[deskono'θiðo]
interessant (bn)	interesante (adj)	[intere'sante]
bestseller (de)	best-seller (m)	[best'seller]

woordenboek (het)	diccionario (m)	[dikθjo'nario]
leerboek (het)	manual (m)	[manu'alʲ]
encyclopedie (de)	enciclopedia (f)	[enθiklʲo'peðia]

133. Jacht. Vissen

jacht (de)	caza (f)	['kaθa]
jagen (ww)	cazar (vi, vt)	[ka'θar]
jager (de)	cazador (m)	[kaθa'ðor]

schieten (ww)	tirar (vi)	[ti'rar]
geweer (het)	fusil (m)	[fu'silʲ]
patroon (de)	cartucho (m)	[kar'tuʧo]
hagel (de)	perdigón (m)	[perði'ɣon]

val (de)	cepo (m)	['θepo]
valstrik (de)	trampa (f)	['trampa]
in de val trappen	caer en el cepo	[ka'er en elʲ 'θepo]
een val zetten	poner un cepo	[po'ner un 'θepo]

stroper (de)	cazador (m) furtivo	[kaθa'ðor fur'tiβo]
wild (het)	caza (f) menor	['kaθa me'nor]
jachthond (de)	perro (m) de caza	['pero de 'kaθa]
safari (de)	safari (m)	[sa'fari]
opgezet dier (het)	animal (m) disecado	[ani'malʲ dise'kaðo]

visser (de)	pescador (m)	[peska'ðor]
visvangst (de)	pesca (f)	['peska]
vissen (ww)	pescar (vi)	[pes'kar]

hengel (de)	caña (f) de pescar	['kanja de pes'kar]
vislijn (de)	sedal (m)	[se'ðalʲ]
haak (de)	anzuelo (m)	[anθu'elʲo]

| dobber (de) | flotador (m) | [flʲota'ðor] |
| aas (het) | cebo (m) | ['θeβo] |

| de hengel uitwerpen | lanzar el anzuelo | [lʲan'θar elʲ anθu'elʲo] |
| bijten (ov. de vissen) | picar (vt) | [pi'kar] |

| vangst (de) | pesca (f) | ['peska] |
| wak (het) | agujero (m) en el hielo | [agu'χero en elʲ 'jelʲo] |

net (het)	red (f)	[reð]
boot (de)	barca (f)	['barka]
vissen met netten	pescar con la red	[pes'kar kon lʲa 'reð]
het net uitwerpen	tirar la red	[ti'rar lʲa 'reð]

| het net binnenhalen | sacar la red | [sa'kar lʲa 'reð] |
| in het net vallen | caer en la red | [ka'er en lʲa 'reð] |

walvisvangst (de)	ballenero (m)	[baje'nero]
walvisvaarder (de)	ballenero (m)	[baje'nero]
harpoen (de)	arpón (m)	[ar'pon]

134. Spellen. Biljart

biljart (het)	billar (m)	[bi'jar]
biljartzaal (de)	sala (f) de billar	['salʲa de bi'jar]
biljartbal (de)	bola (f) de billar	['bolʲa de bi'jar]
een bal in het gat jagen	entronerar la bola	[entrone'rar lʲa 'bolʲa]
keu (de)	taco (m)	['tako]
gat (het)	tronera (f)	[tro'nera]

135. Spellen. Speelkaarten

speelkaart (de)	carta (f)	['karta]
kaarten (mv.)	cartas (f pl)	['kartas]
pak (het) kaarten	baraja (f)	[ba'raχa]
troef (de)	triunfo (m)	[tri'uɱfo]
ruiten (mv.)	cuadrados (m pl)	[kua'ðraðos]
schoppen (mv.)	picas (f pl)	['pikas]
klaveren (mv.)	corazones (m pl)	[kora'θones]
harten (mv.)	tréboles (m pl)	['treβoles]
aas (de)	as (m)	[as]
koning (de)	rey (m)	[rej]
dame (de)	dama (f)	['dama]
boer (de)	sota (f)	['sota]
uitdelen (kaarten ~)	dar, distribuir (vt)	[dar], [distriβu'ir]
schudden (de kaarten ~)	barajar (vt)	[bara'χar]
beurt (de)	jugada (f)	[χu'gaða]
punt (bijv. vijftig ~en)	punto (m)	['punto]
valsspeler (de)	fullero (m)	[fu'jero]

136. Rusten. Spellen. Diversen

wandelen (on.ww.)	pasear (vi)	[pase'ar]
wandeling (de)	paseo (m)	[pa'seo]
trip (per auto)	paseo (m)	[pa'seo]
avontuur (het)	aventura (f)	[aβen'tura]
picknick (de)	picnic (m)	['piknik]
spel (het)	juego (m)	[χu'ego]
speler (de)	jugador (m)	[χuga'ðor]
partij (de)	partido (m)	[par'tiðo]
collectioneur (de)	coleccionista (m)	[kolekθjo'nista]
collectioneren (ww)	coleccionar (vt)	[kolekθjo'nar]
collectie (de)	colección (f)	[kolek'θjon]
kruiswoordraadsel (het)	crucigrama (m)	[kruθi'ɣrama]
hippodroom (de)	hipódromo (m)	[i'poðromo]

discotheek (de)	discoteca (f)	[disko'teka]
sauna (de)	sauna (f)	['sauna]
loterij (de)	lotería (f)	[lʲote'ria]
trektocht (kampeertocht)	marcha (f)	['martʃa]
kamp (het)	campo (m)	['kampo]
rugzaktoerist (de)	campista (m)	[kam'pista]
tent (de)	tienda (f) de campaña	['tjenda de kam'panja]
kompas (het)	brújula (f)	['bruχulʲa]
bekijken (een film ~)	ver (vt)	[ber]
kijker (televisie~)	telespectador (m)	[tele·spekta'ðor]
televisie-uitzending (de)	programa (m) de televisión	[pro'ɣrama de teleβi'sjon]

137. Fotografie

fotocamera (de)	cámara (f) fotográfica	['kamara foto'ɣrafika]
foto (de)	foto (f)	['foto]
fotograaf (de)	fotógrafo (m)	[fo'toɣrafo]
fotostudio (de)	estudio (m) fotográfico	[es'tuðjo foto'ɣrafiko]
fotoalbum (het)	álbum (m) de fotos	['alʲβum de 'fotos]
lens (de), objectief (het)	objetivo (m)	[oβχe'tiβo]
telelens (de)	teleobjetivo (m)	[tele·oβχe'tiβo]
filter (de/het)	filtro (m)	['filʲtro]
lens (de)	lente (m)	['lente]
optiek (de)	óptica (f)	['optika]
diafragma (het)	diafragma (m)	[dia'fraɣma]
belichtingstijd (de)	tiempo (m) de exposición	['tjempo de eksposi'θjon]
zoeker (de)	visor (m)	[bi'sor]
digitale camera (de)	cámara (f) digital	['kamara diχi'talʲ]
statief (het)	trípode (m)	['tripoðe]
flits (de)	flash (m)	[flʲaʃ]
fotograferen (ww)	fotografiar (vt)	[fotoɣra'fjar]
foto's maken	hacer fotos	[a'θer 'fotos]
zich laten fotograferen	fotografiarse (vr)	[fotoɣra'fjarse]
focus (de)	foco (m)	['foko]
scherpstellen (ww)	enfocar (vt)	[eɱfo'kar]
scherp (bn)	nítido (adj)	['nitiðo]
scherpte (de)	nitidez (f)	[niti'ðeθ]
contrast (het)	contraste (m)	[kon'traste]
contrastrijk (bn)	de alto contraste (adj)	[de 'alʲto kon'traste]
kiekje (het)	foto (f)	['foto]
negatief (het)	negativo (m)	[nega'tiβo]
filmpje (het)	película (f) fotográfica	[pe'likulʲa foto'ɣrafika]
beeld (frame)	fotograma (m)	[foto'ɣrama]
afdrukken (foto's ~)	imprimir (vt)	[impri'mir]

138. Strand. Zwemmen

strand (het)	playa (f)	['pljaja]
zand (het)	arena (f)	[a'rena]
leeg (~ strand)	desierto (adj)	[de'sjerto]
bruine kleur (de)	bronceado (m)	[bronθe'aðo]
zonnebaden (ww)	broncearse (vr)	[bronθe'arse]
gebruind (bn)	bronceado (adj)	[bronθe'aðo]
zonnecrème (de)	protector (m) solar	[protek'tor so'ljar]
bikini (de)	bikini (m)	[bi'kini]
badpak (het)	traje (m) de baño	['traχe de 'banjo]
zwembroek (de)	bañador (m)	[banja'ðor]
zwembad (het)	piscina (f)	[pi'θina]
zwemmen (ww)	nadar (vi)	[na'ðar]
douche (de)	ducha (f)	['dutʃa]
zich omkleden (ww)	cambiarse (vr)	[kam'bjarse]
handdoek (de)	toalla (f)	[to'aja]
boot (de)	barca (f)	['barka]
motorboot (de)	lancha (f) motora	['ljantʃa mo'tora]
waterski's (mv.)	esquís (m pl) acuáticos	[es'kis aku'atikos]
waterfiets (de)	bicicleta (f) acuática	[biθik'leta aku'atika]
surfen (het)	surf (m)	[surf]
surfer (de)	surfista (m)	[sur'fista]
scuba, aqualong (de)	equipo (m) de buceo	[e'kipo de bu'θeo]
zwemvliezen (mv.)	aletas (f pl)	[a'letas]
duikmasker (het)	máscara (f) de buceo	['maskara de bu'θeo]
duiker (de)	buceador (m)	[buθea'ðor]
duiken (ww)	bucear (vi)	[buθe'ar]
onder water (bw)	bajo el agua	['baχo elj 'agua]
parasol (de)	sombrilla (f)	[som'brija]
ligstoel (de)	tumbona (f)	[tum'bona]
zonnebril (de)	gafas (f pl) de sol	['gafas de 'solj]
luchtmatras (de/het)	colchoneta (f) inflable	[koljtʃo'neta iɱ'fljaβle]
spelen (ww)	jugar (vi)	[χu'gar]
gaan zwemmen (ww)	bañarse (vr)	[ba'njarse]
bal (de)	pelota (f) de playa	[pe'ljota de 'pljaja]
opblazen (oppompen)	inflar (vt)	[iɱ'fljar]
lucht-, opblaasbare (bn)	inflable (adj)	[iɱ'fljaβle]
golf (hoge ~)	ola (f)	['olja]
boei (de)	boya (f)	['boja]
verdrinken (ww)	ahogarse (vr)	[ao'garse]
redden (ww)	salvar (vt)	[salj'βar]
reddingsvest (de)	chaleco (m) salvavidas	[tʃa'leko saljβa'βiðas]
waarnemen (ww)	observar (vt)	[oβser'βar]
redder (de)	socorrista (m)	[soko'rista]

TECHNISCHE APPARATUUR. VERVOER

Technische apparatuur

139. Computer

computer (de)	ordenador (m)	[orðena'ðor]
laptop (de)	ordenador (m) portátil	[orðena'ðor por'tatil]
aanzetten (ww)	encender (vt)	[enθen'der]
uitzetten (ww)	apagar (vt)	[apa'gar]
toetsenbord (het)	teclado (m)	[te'klʲaðo]
toets (enter~)	tecla (f)	['teklʲa]
muis (de)	ratón (m)	[ra'ton]
muismat (de)	alfombrilla (f) para ratón	[alʲfom'brija 'para ra'ton]
knopje (het)	botón (m)	[bo'ton]
cursor (de)	cursor (m)	[kur'sor]
monitor (de)	monitor (m)	[moni'tor]
scherm (het)	pantalla (f)	[pan'taja]
harde schijf (de)	disco (m) duro	['disko 'duro]
volume (het)	volumen (m) de disco duro	[bo'lʲumen de 'disko 'duro]
van de harde schijf		
geheugen (het)	memoria (f)	[me'moria]
RAM-geheugen (het)	memoria (f) operativa	[me'morja opera'tiβa]
bestand (het)	archivo, fichero (m)	[ar'tʃiβo], [fi'tʃero]
folder (de)	carpeta (f)	[kar'peta]
openen (ww)	abrir (vt)	[a'βrir]
sluiten (ww)	cerrar (vt)	[θe'rar]
opslaan (ww)	guardar (vt)	[guar'ðar]
verwijderen (wissen)	borrar (vt)	[bo'rar]
kopiëren (ww)	copiar (vt)	[ko'pjar]
sorteren (ww)	ordenar (vt)	[orðe'nar]
overplaatsen (ww)	transferir (vt)	[transfe'rir]
programma (het)	programa (m)	[pro'ɣrama]
software (de)	software (m)	['sofwer]
programmeur (de)	programador (m)	[proɣrama'ðor]
programmeren (ww)	programar (vt)	[proɣra'mar]
hacker (computerkraker)	hacker (m)	['aker]
wachtwoord (het)	contraseña (f)	[kontra'senja]
virus (het)	virus (m)	['birus]
ontdekken (virus ~)	detectar (vt)	[detek'tar]

| byte (de) | octeto, byte (m) | [ok'teto], ['βajt] |
| megabyte (de) | megabyte (m) | [mega'βajt] |

| data (de) | datos (m pl) | ['datos] |
| databank (de) | base (f) de datos | ['base de 'datos] |

kabel (USB-~, enz.)	cable (m)	['kaβle]
afsluiten (ww)	desconectar (vt)	[deskonek'tar]
aansluiten op (ww)	conectar (vt)	[konek'tar]

140. Internet. E-mail

internet (het)	internet (m), red (f)	[inter'net], [reð]
browser (de)	navegador (m)	[naβega'ðor]
zoekmachine (de)	buscador (m)	[buska'ðor]
internetprovider (de)	proveedor (m)	[proβee'ðor]

webmaster (de)	webmaster (m)	[weβ'master]
website (de)	sitio (m) web	['sitio weβ]
webpagina (de)	página (f) web	['paχina weβ]

| adres (het) | dirección (f) | [direk'θjon] |
| adresboek (het) | libro (m) de direcciones | ['liβro de direk'θjones] |

postvak (het)	buzón (m)	[bu'θon]
post (de)	correo (m)	[ko'reo]
vol (~ postvak)	lleno (adj)	['jeno]

bericht (het)	mensaje (m)	[men'saχe]
binnenkomende berichten (mv.)	correo (m) entrante	[ko'reo en'trante]
uitgaande berichten (mv.)	correo (m) saliente	[ko'reo sa'ljente]

verzender (de)	expedidor (m)	[ekspeði'ðor]
verzenden (ww)	enviar (vt)	[em'bjar]
verzending (de)	envío (m)	[em'bio]

| ontvanger (de) | destinatario (m) | [destina'tario] |
| ontvangen (ww) | recibir (vt) | [reθi'βir] |

| correspondentie (de) | correspondencia (f) | [korespon'denθia] |
| corresponderen (met ...) | escribirse con ... | [eskri'βirse kon] |

bestand (het)	archivo, fichero (m)	[ar'tʃiβo], [fi'tʃero]
downloaden (ww)	descargar (vt)	[deskar'gar]
creëren (ww)	crear (vt)	[kre'ar]
verwijderen (een bestand ~)	borrar (vt)	[bo'rar]
verwijderd (bn)	borrado (adj)	[bo'raðo]

verbinding (de)	conexión (f)	[konek'θjon]
snelheid (de)	velocidad (f)	[beʲoθi'ðað]
modem (de)	módem (m)	['moðem]
toegang (de)	acceso (m)	[ak'θeso]
poort (de)	puerto (m)	[pu'erto]

aansluiting (de)	**conexión** (f)	[konek'θjon]
zich aansluiten (ww)	**conectarse a ...**	[konek'tarse a]
selecteren (ww)	**seleccionar** (vt)	[selekθjo'nar]
zoeken (ww)	**buscar** (vt)	[bus'kar]

Vervoer

vliegtuig (het)	avión (m)	[a'βjon]
vliegticket (het)	billete (m) de avión	[bi'jete de a'βjon]
luchtvaartmaatschappij (de)	compañía (f) aérea	[kompa'njia a'erea]
luchthaven (de)	aeropuerto (m)	[aeropu'erto]
supersonisch (bn)	supersónico (adj)	[super'soniko]

gezagvoerder (de)	comandante (m)	[koman'dante]
bemanning (de)	tripulación (f)	[tripuˡa'θjon]
piloot (de)	piloto (m)	[pi'lˡoto]
stewardess (de)	azafata (f)	[aθa'fata]
stuurman (de)	navegador (m)	[naβega'ðor]

vleugels (mv.)	alas (f pl)	['alˡas]
staart (de)	cola (f)	['kolˡa]
cabine (de)	cabina (f)	[ka'βina]
motor (de)	motor (m)	[mo'tor]
landingsgestel (het)	tren (m) de aterrizaje	['tren de ateri'θaχe]
turbine (de)	turbina (f)	[tur'βina]

propeller (de)	hélice (f)	['eliθe]
zwarte doos (de)	caja (f) negra	['kaχa 'neɣra]
stuur (het)	timón (m)	[ti'mon]
brandstof (de)	combustible (m)	[kombus'tiβle]

veiligheidskaart (de)	instructivo (m) de seguridad	[instruk'tiβo de seguri'ðað]
zuurstofmasker (het)	respirador (m) de oxígeno	[respira'ðor de o'ksiχeno]
uniform (het)	uniforme (m)	[uni'forme]

| reddingsvest (de) | chaleco (m) salvavidas | [ʧa'leko salˡβa'βiðas] |
| parachute (de) | paracaídas (m) | [paraka'iðas] |

opstijgen (het)	despegue (m)	[des'pege]
opstijgen (ww)	despegar (vi)	[despe'gar]
startbaan (de)	pista (f) de despegue	['pista de des'pege]

| zicht (het) | visibilidad (f) | [bisiβili'ðað] |
| vlucht (de) | vuelo (m) | [bu'elˡo] |

| hoogte (de) | altura (f) | [alˡ'tura] |
| luchtzak (de) | pozo (m) de aire | ['poθo de 'aire] |

plaats (de)	asiento (m)	[a'sjento]
koptelefoon (de)	auriculares (m pl)	[auriku'lˡares]
tafeltje (het)	mesita (f) plegable	[me'sita ple'gaβle]
venster (het)	ventana (f)	[ben'tana]
gangpad (het)	pasillo (m)	[pa'sijo]

142. Trein

trein (de)	tren (m)	['tren]
elektrische trein (de)	tren (m) de cercanías	['tren de θerka'nias]
sneltrein (de)	tren (m) rápido	['tren 'rapiðo]
diesellocomotief (de)	locomotora (f) diésel	[lʲokomo'tora 'djeselʲ]
stoomlocomotief (de)	tren (m) de vapor	['tren de ba'por]
rijtuig (het)	coche (m)	['kotʃe]
restauratierijtuig (het)	coche restaurante (m)	['kotʃe restau'rante]
rails (mv.)	rieles (m pl)	['rjeles]
spoorweg (de)	ferrocarril (m)	[feroka'rilʲ]
dwarsligger (de)	traviesa (f)	[tra'βjesa]
perron (het)	plataforma (f)	[plʲata'forma]
spoor (het)	vía (f)	['bia]
semafoor (de)	semáforo (m)	[se'maforo]
halte (bijv. kleine treinhalte)	estación (f)	[esta'θjon]
machinist (de)	maquinista (m)	[maki'nista]
kruier (de)	maletero (m)	[male'tero]
conducteur (de)	mozo (m) del vagón	['moθo delʲ ba'ɣon]
passagier (de)	pasajero (m)	[pasa'χero]
controleur (de)	revisor (m)	[reβi'sor]
gang (in een trein)	corredor (m)	[kore'ðor]
noodrem (de)	freno (m) de urgencia	['freno de ur'χenθia]
coupé (de)	compartimiento (m)	[komparti'mjento]
bed (slaapplaats)	litera (f)	[li'tera]
bovenste bed (het)	litera (f) de arriba	[li'tera de a'riβa]
onderste bed (het)	litera (f) de abajo	[li'tera de a'βaχo]
beddengoed (het)	ropa (f) de cama	['ropa de 'kama]
kaartje (het)	billete (m)	[bi'jete]
dienstregeling (de)	horario (m)	[o'rario]
informatiebord (het)	pantalla (f) de información	[pan'taja de iɱforma'θjon]
vertrekken	partir (vi)	[par'tir]
(De trein vertrekt ...)		
vertrek (ov. een trein)	partida (f)	[par'tiða]
aankomen (ov. de treinen)	llegar (vi)	[je'gar]
aankomst (de)	llegada (f)	[je'gaða]
aankomen per trein	llegar en tren	[je'gar en 'tren]
in de trein stappen	tomar el tren	[to'mar elʲ 'tren]
uit de trein stappen	bajar del tren	[ba'χar delʲ 'tren]
treinwrak (het)	descarrilamiento (m)	[deskarilʲa'mjento]
ontspoord zijn	descarrilarse (vr)	[deskari'lʲarse]
stoomlocomotief (de)	tren (m) de vapor	['tren de ba'por]
stoker (de)	fogonero (m)	[fogo'nero]
stookplaats (de)	hogar (m)	[o'gar]
steenkool (de)	carbón (m)	[kar'βon]

143. Schip

schip (het)	barco, buque (m)	['barko], ['buke]
vaartuig (het)	navío (m)	[na'βio]
stoomboot (de)	buque (m) de vapor	['buke de ba'por]
motorschip (het)	motonave (f)	[moto'naβe]
lijnschip (het)	trasatlántico (m)	[trasat'lʲantiko]
kruiser (de)	crucero (m)	[kru'θero]
jacht (het)	yate (m)	['jate]
sleepboot (de)	remolcador (m)	[remolʲka'ðor]
duwbak (de)	barcaza (f)	[bar'kaθa]
ferryboot (de)	ferry (m)	['feri]
zeilboot (de)	velero (m)	[be'lero]
brigantijn (de)	bergantín (m)	[bergan'tin]
ijsbreker (de)	rompehielos (m)	[rompe·'jelʲos]
duikboot (de)	submarino (m)	[suβma'rino]
boot (de)	bote (m)	['bote]
sloep (de)	bote (m)	['bote]
reddingssloep (de)	bote (m) salvavidas	['bote salʲβa'βiðas]
motorboot (de)	lancha (f) motora	['lʲantʃa mo'tora]
kapitein (de)	capitán (m)	[kapi'tan]
zeeman (de)	marinero (m)	[mari'nero]
matroos (de)	marino (m)	[ma'rino]
bemanning (de)	tripulación (f)	[tripulʲa'θjon]
bootsman (de)	contramaestre (m)	[kontrama'estre]
scheepsjongen (de)	grumete (m)	[gru'mete]
kok (de)	cocinero (m) de abordo	[koθi'nero de a'βorðo]
scheepsarts (de)	médico (m) del buque	['meðiko delʲ 'buke]
dek (het)	cubierta (f)	[ku'βjerta]
mast (de)	mástil (m)	['mastilʲ]
zeil (het)	vela (f)	['belʲa]
ruim (het)	bodega (f)	[bo'ðega]
voorsteven (de)	proa (f)	['proa]
achtersteven (de)	popa (f)	['popa]
roeispaan (de)	remo (m)	['remo]
schroef (de)	hélice (f)	['eliθe]
kajuit (de)	camarote (m)	[kama'rote]
officierskamer (de)	sala (f) de oficiales	['salʲa de ofi'θjales]
machinekamer (de)	sala (f) de máquinas	['salʲa de 'makinas]
brug (de)	puente (m) de mando	[pu'ente de 'mando]
radiokamer (de)	sala (f) de radio	['salʲa de 'raðio]
radiogolf (de)	onda (f)	['onda]
logboek (het)	cuaderno (m) de bitácora	[kua'ðerno de bi'takora]
verrekijker (de)	anteojo (m)	[ante'oχo]
klok (de)	campana (f)	[kam'pana]

vlag (de)	bandera (f)	[ban'dera]
kabel (de)	cabo (m)	['kaβo]
knoop (de)	nudo (m)	['nuðo]

| leuning (de) | pasamano (m) | [pasa'mano] |
| trap (de) | pasarela (f) | [pasa'relʲa] |

anker (het)	ancla (f)	['aŋklʲa]
het anker lichten	levar ancla	[le'βar 'aŋklʲa]
het anker neerlaten	echar ancla	[e'tʃar 'aŋklʲa]
ankerketting (de)	cadena (f) del ancla	[ka'ðena delʲ 'aŋklʲa]

haven (bijv. containerhaven)	puerto (m)	[pu'erto]
kaai (de)	embarcadero (m)	[embarka'ðero]
aanleggen (ww)	amarrar (vt)	[ama'rar]
wegvaren (ww)	desamarrar (vt)	[desama'rar]

reis (de)	viaje (m)	['bjaχe]
cruise (de)	crucero (m)	[kru'θero]
koers (de)	derrota (f)	[de'rota]
route (de)	itinerario (m)	[itine'rario]

vaarwater (het)	canal (m) navegable	[ka'nalʲ naβe'gaβle]
zandbank (de)	bajío (m)	[ba'χio]
stranden (ww)	encallar (vi)	[eŋka'jar]

storm (de)	tempestad (f)	[tempes'tað]
signaal (het)	señal (f)	[se'njalʲ]
zinken (ov. een boot)	hundirse (vr)	[un'dirse]
Man overboord!	¡Hombre al agua!	['ombre alʲ 'agua]
SOS (noodsignaal)	SOS	['ese o 'ese]
reddingsboei (de)	aro (m) salvavidas	['aro salʲβa'βiðas]

144. Vliegveld

luchthaven (de)	aeropuerto (m)	[aeropu'erto]
vliegtuig (het)	avión (m)	[a'βjon]
luchtvaartmaatschappij (de)	compañía (f) aérea	[kompa'njia a'erea]
luchtverkeersleider (de)	controlador (m) aéreo	[kontrolʲa'ðor a'ereo]

vertrek (het)	despegue (m)	[des'pege]
aankomst (de)	llegada (f)	[je'gaða]
aankomen (per vliegtuig)	llegar (vi)	[je'gar]

| vertrektijd (de) | hora (f) de salida | ['ora de sa'liða] |
| aankomstuur (het) | hora (f) de llegada | ['ora de je'gaða] |

| vertraagd zijn (ww) | retrasarse (vr) | [retra'sarse] |
| vluchtvertraging (de) | retraso (m) de vuelo | [re'traso de bu'elʲo] |

informatiebord (het)	pantalla (f) de información	[pan'taja de iɱforma'θjon]
informatie (de)	información (f)	[iɱforma'θjon]
aankondigen (ww)	anunciar (vt)	[anun'θjar]
vlucht (bijv. KLM ~)	vuelo (m)	[bu'elʲo]

douane (de)	aduana (f)	[aðu'ana]
douanier (de)	aduanero (m)	[aðua'nero]
douaneaangifte (de)	declaración (f) de aduana	[deklʲara'θjon de aðu'ana]
een douaneaangifte invullen	rellenar la declaración	[reje'nar lʲa deklʲara'θjon]
paspoortcontrole (de)	control (m) de pasaportes	[kon'trolʲ de pasa'portes]
bagage (de)	equipaje (m)	[eki'paxe]
handbagage (de)	equipaje (m) de mano	[eki'paxe de 'mano]
bagagekarretje (het)	carrito (m) de equipaje	[ka'rito de eki'paxe]
landing (de)	aterrizaje (m)	[ateri'θaxe]
landingsbaan (de)	pista (f) de aterrizaje	['pista de ateri'θaxe]
landen (ww)	aterrizar (vi)	[ateri'θar]
vliegtuigtrap (de)	escaleras (f pl)	[eska'leras]
inchecken (het)	facturación (f), check-in (m)	[faktura'θjon], [ʧek·'in]
incheckbalie (de)	mostrador (m) de facturación	[mostra'ðor de faktura'θjon]
inchecken (ww)	hacer el check-in	[a'θer elʲ ʧek·'in]
instapkaart (de)	tarjeta (f) de embarque	[tar'xeta de em'barke]
gate (de)	puerta (f) de embarque	[pu'erta de em'barke]
transit (de)	tránsito (m)	['transito]
wachten (ww)	esperar (vt)	[espe'rar]
wachtzaal (de)	zona (f) de preembarque	['θona de preem'barke]
begeleiden (uitwuiven)	despedir (vt)	[despe'ðir]
afscheid nemen (ww)	despedirse (vr)	[despe'ðirse]

145. Fiets. Motorfiets

fiets (de)	bicicleta (f)	[biθik'leta]
bromfiets (de)	scooter (m)	['skuter]
motorfiets (de)	motocicleta (f)	[motoθi'kleta]
met de fiets rijden	ir en bicicleta	[ir en biθi'kleta]
stuur (het)	manillar (m)	[mani'jar]
pedaal (de/het)	pedal (m)	[pe'ðalʲ]
remmen (mv.)	frenos (m pl)	['frenos]
fietszadel (de/het)	sillín (m)	[si'jin]
pomp (de)	bomba (f)	['bomba]
bagagedrager (de)	portaequipajes (m)	[porta·eki'paxes]
fietslicht (het)	faro (m)	['faro]
helm (de)	casco (m)	['kasko]
wiel (het)	rueda (f)	[ru'eða]
spatbord (het)	guardabarros (m)	[guarða·'baros]
velg (de)	llanta (f)	['janta]
spaak (de)	rayo (m)	['rajo]

Auto's

auto (de)	coche (m)	['kotʃe]
sportauto (de)	coche (m) deportivo	['kotʃe depor'tiβo]
limousine (de)	limusina (f)	[limu'sina]
terreinwagen (de)	todoterreno (m)	['toðo·te'reno]
cabriolet (de)	cabriolé (m)	[kaβrio'le]
minibus (de)	microbús (m)	[mikro'βus]
ambulance (de)	ambulancia (f)	[ambu'lʲanθia]
sneeuwruimer (de)	quitanieves (m)	[kita'njeβes]
vrachtwagen (de)	camión (m)	[ka'mjon]
tankwagen (de)	camión (m) cisterna	[ka'mjon θis'terna]
bestelwagen (de)	camioneta (f)	[kamjo'neta]
trekker (de)	cabeza (f) tractora	[ka'βeθa trak'tora]
aanhangwagen (de)	remolque (m)	[re'molʲke]
comfortabel (bn)	confortable (adj)	[koɱfor'taβle]
tweedehands (bn)	de ocasión (adj)	[de oka'θjon]

motorkap (de)	capó (m)	[ka'po]
spatbord (het)	guardabarros (m)	[guarða·'baros]
dak (het)	techo (m)	['tetʃo]
voorruit (de)	parabrisas (m)	[para'βrisas]
achterruit (de)	espejo (m) retrovisor	[es'peχo retroβi'sor]
ruitensproeier (de)	limpiador (m)	[limpja'ðor]
wisserbladen (mv.)	limpiaparabrisas (m)	[limpja·para'βrisas]
zijruit (de)	ventana (f) lateral	[ben'tana lʲate'ralʲ]
raamlift (de)	elevalunas (m)	[eleβa·'lʲunas]
antenne (de)	antena (f)	[an'tena]
zonnedak (het)	techo (m) solar	['tetʃo so'lʲar]
bumper (de)	parachoques (m)	[para'tʃokes]
koffer (de)	maletero (m)	[male'tero]
imperiaal (de/het)	baca (f)	['baka]
portier (het)	puerta (f)	[pu'erta]
handvat (het)	tirador (m) de puerta	[tira'ðor de pu'erta]
slot (het)	cerradura (f)	[θera'ðura]
nummerplaat (de)	matrícula (f)	[ma'trikulʲa]
knalpot (de)	silenciador (m)	[silenθja'ðor]

| benzinetank (de) | tanque (m) de gasolina | ['taŋke de gaso'lina] |
| uitlaatpijp (de) | tubo (m) de escape | ['tuβo de es'kape] |

gas (het)	acelerador (m)	[aθelera'ðor]
pedaal (de/het)	pedal (m)	[pe'ðalʲ]
gaspedaal (de/het)	pedal (m) de acelerador	[pe'ðalʲ de aθelera'ðor]

rem (de)	freno (m)	['freno]
rempedaal (de/het)	pedal (m) de freno	[pe'ðalʲ de 'freno]
remmen (ww)	frenar (vi)	[fre'nar]
handrem (de)	freno (m) de mano	['freno de 'mano]

koppeling (de)	embrague (m)	[em'brage]
koppelingspedaal (de/het)	pedal (m) de embrague	[pe'ðalʲ de em'brage]
koppelingsschijf (de)	disco (m) de embrague	['disko de em'brage]
schokdemper (de)	amortiguador (m)	[amortigua'ðor]

wiel (het)	rueda (f)	[ru'eða]
reservewiel (het)	rueda (f) de repuesto	[ru'eða de repu'esto]
band (de)	neumático (m)	[neu'matiko]
wieldop (de)	tapacubo (m)	[tapa'kuβo]

aandrijfwielen (mv.)	ruedas (f pl) motrices	[ru'eðas mo'triθes]
met voorwielaandrijving	de tracción delantera	[de trak'θjon delʲan'tera]
met achterwielaandrijving	de tracción trasera	[de trak'θjon tra'sera]
met vierwielaandrijving	de tracción integral	[de trak'θjon inte'ɣralʲ]

versnellingsbak (de)	caja (f) de cambios	['kaχa de 'kambjos]
automatisch (bn)	automático (adj)	[auto'matiko]
mechanisch (bn)	mecánico (adj)	[me'kaniko]
versnellingspook (de)	palanca (f) de cambios	[pa'lʲaŋka de 'kambjos]

| voorlicht (het) | faro (m) | ['faro] |
| voorlichten (mv.) | faros (m pl) | ['faros] |

dimlicht (het)	luz (f) de cruce	[lʲuθ de 'kruθe]
grootlicht (het)	luz (f) de carretera	[lʲuθ de kare'tera]
stoplicht (het)	luz (f) de freno	[lʲuθ de 'freno]

standlichten (mv.)	luz (f) de posición	[lʲuθ de posi'θjon]
noodverlichting (de)	luces (f pl) de emergencia	['lʲuθes de emer'χenθia]
mistlichten (mv.)	luces (f pl) antiniebla	['lʲuθes anti'njeβlʲa]
pinker (de)	intermitente (m)	[intermi'nente]
achteruitrijdlicht (het)	luz (f) de marcha atrás	[lʲuθ de 'martʃa a'tras]

148. Auto's. Passagiersruimte

interieur (het)	habitáculo (m)	[aβi'takulʲo]
leren (van leer gemaakt)	de cuero (adj)	[de ku'ero]
fluwelen (abn)	de felpa (adj)	[de 'felʲpa]
bekleding (de)	tapizado (m)	[tapi'θaðo]

| toestel (het) | instrumento (m) | [instru'mento] |
| instrumentenbord (het) | salpicadero (m) | [salʲpika'ðero] |

| snelheidsmeter (de) | velocímetro (m) | [belʲo'θimetro] |
| pijltje (het) | aguja (f) | [a'guχa] |

kilometerteller (de)	cuentakilómetros (m)	[ku'enta·ki'lʲometros]
sensor (de)	indicador (m)	[indika'ðor]
niveau (het)	nivel (m)	[ni'βelʲ]
controlelampje (het)	testigo (m)	[tes'tigo]

stuur (het)	volante (m)	[bo'lʲante]
toeter (de)	bocina (f)	[bo'θina]
knopje (het)	botón (m)	[bo'ton]
schakelaar (de)	interruptor (m)	[interup'tor]

stoel (bestuurders~)	asiento (m)	[a'sjento]
rugleuning (de)	respaldo (m)	[res'palʲdo]
hoofdsteun (de)	reposacabezas (m)	[reposa·ka'βeθas]
veiligheidsgordel (de)	cinturón (m) de seguridad	[θintu'ron de seguri'ðað]
de gordel aandoen	abrocharse el cinturón	[aβro'tʃarse elʲ θintu'ron]
regeling (de)	reglaje (m)	[re'ɣlʲaχe]

| airbag (de) | bolsa (f) de aire | ['bolʲsa de 'aire] |
| airconditioner (de) | climatizador (m) | [klimatiθa'ðor] |

radio (de)	radio (m)	['raðio]
CD-speler (de)	reproductor (m) de CD	[reproðuk'tor de θe'de]
aanzetten (bijv. radio ~)	encender (vt)	[enθen'der]
antenne (de)	antena (f)	[an'tena]
handschoenenkastje (het)	guantera (f)	[guan'tera]
asbak (de)	cenicero (m)	[θeni'θero]

149. Auto's. Motor

motor (de)	motor (m)	[mo'tor]
diesel- (abn)	diésel (adj)	[dje'selʲ]
benzine- (~motor)	a gasolina (adj)	[a gaso'lina]

motorinhoud (de)	volumen (m) del motor	[bo'lʲumen delʲ mo'tor]
vermogen (het)	potencia (f)	[po'tensia]
paardenkracht (de)	caballo (m) de fuerza	[ka'βajo de fu'erθa]
zuiger (de)	pistón (m)	[pis'ton]
cilinder (de)	cilindro (m)	[θi'lindro]
klep (de)	válvula (f)	['balʲβulʲa]

injectie (de)	inyector (m)	[injek'tor]
generator (de)	generador (m)	[χenera'ðor]
carburator (de)	carburador (m)	[karβura'ðor]
motorolie (de)	aceite (m) de motor	[a'θejte de mo'tor]

radiator (de)	radiador (m)	[raðja'ðor]
koelvloeistof (de)	liquido (m) refrigerante	[li'kiðo refriχe'rante]
ventilator (de)	ventilador (m)	[bentilʲa'ðor]

| starter (de) | estárter (m) | [es'tarter] |
| contact (ontsteking) | encendido (m) | [enθen'diðo] |

| bougie (de) | bujía (f) | [bu'χia] |
| zekering (de) | fusible (m) | [fu'siβle] |

accu (de)	batería (f)	[bate'ria]
pool (de)	terminal (m)	[termi'nalʲ]
positieve pool (de)	terminal (m) positivo	[termi'nalʲ posi'tiβa]
negatieve pool (de)	terminal (m) negativo	[termi'nalʲ nega'tiβa]

luchtfilter (de)	filtro (m) de aire	['filʲtro de 'aire]
oliefilter (de)	filtro (m) de aceite	['filʲtro de a'θejte]
benzinefilter (de)	filtro (m) de combustible	['filʲtro de kombus'tiβle]

150. Auto's. Botsing. Reparatie

auto-ongeval (het)	accidente (m)	[akθi'ðente]
verkeersongeluk (het)	accidente (m) de tráfico	[akθi'ðente de 'trafiko]
aanrijden (tegen een boom, enz.)	chocar contra ...	[ʧo'kar 'kontra]
verongelukken (ww)	tener un accidente	[te'ner un akθi'ðente]
beschadiging (de)	daño (m)	['danjo]
heelhuids (bn)	intacto (adj)	[in'takto]

pech (de)	pana (f)	['pana]
kapot gaan (zijn gebroken)	averiarse (vr)	[aβe'rjarse]
sleeptouw (het)	remolque (m)	[re'molʲke]

lek (het)	pinchazo (m)	[pin'ʧaθo]
lekke krijgen (band)	desinflarse (vr)	[desimˈflʲarse]
oppompen (ww)	inflar (vt)	[imˈflʲar]
druk (de)	presión (f)	[pre'sjon]
checken (ww)	verificar (vt)	[berifi'kar]

reparatie (de)	reparación (f)	[repara'θjon]
garage (de)	taller (m)	[ta'jer]
wisselstuk (het)	parte (f) de repuesto	['parte de repu'esto]
onderdeel (het)	parte (f)	['parte]

bout (de)	perno (m)	['perno]
schroef (de)	tornillo (m)	[tor'nijo]
moer (de)	tuerca (f)	[tu'erka]
sluitring (de)	arandela (f)	[aran'delʲa]
kogellager (de/het)	rodamiento (m)	[roða'mjento]

pijp (de)	tubo (m)	['tuβo]
pakking (de)	junta (f)	['χunta]
kabel (de)	cable, hilo (m)	['kaβle], ['ilʲo]

dommekracht (de)	gato (m)	['gato]
moersleutel (de)	llave (f) de tuerca	['jaβe de tu'erka]
hamer (de)	martillo (m)	[mar'tijo]
pomp (de)	bomba (f)	['bomba]
schroevendraaier (de)	destornillador (m)	[destornija'ðor]
brandblusser (de)	extintor (m)	[ekstin'tor]
gevarendriehoek (de)	triángulo (m) de avería	[tri'angulʲo de aβe'ria]

afslaan (ophouden te werken)	pararse, calarse (vr)	[pa'rarse], [ka'lʲarse]
uitvallen (het)	parada (f)	[pa'raða]
zijn gebroken	estar averiado	[es'tar aβe'rjaðo]

oververhitten (ww)	recalentarse (vr)	[rekalen'tarse]
verstopt raken (ww)	estar atascado	[es'tar atas'kaðo]
bevriezen (autodeur, enz.)	congelarse (vr)	[konχe'lʲarse]
barsten (leidingen, enz.)	reventar (vi)	[reβen'tar]

druk (de)	presión (f)	[pre'sjon]
niveau (bijv. olieniveau)	nivel (m)	[ni'βelʲ]
slap (de drijfriem is ~)	flojo (adj)	['flʲoχo]

deuk (de)	abolladura (f)	[aβoja'ðura]
geklop (vreemde geluiden)	ruido (m)	[ru'iðo]
barst (de)	grieta (f)	[gri'eta]
kras (de)	rozadura (f)	[roθa'ðura]

151. Auto's. Weg

weg (de)	camino (m)	[ka'mino]
snelweg (de)	autovía (f)	[auto'βia]
autoweg (de)	carretera (f)	[kare'tera]
richting (de)	dirección (f)	[direk'θjon]
afstand (de)	distancia (f)	[dis'tanθia]

brug (de)	puente (m)	[pu'ente]
parking (de)	aparcamiento (m)	[aparka'mjento]
plein (het)	plaza (f)	['plʲaθa]
verkeersknooppunt (het)	intercambiador (m)	[interkambja'ðor]
tunnel (de)	túnel (m)	['tunelʲ]

benzinestation (het)	gasolinera (f)	[gasoli'nera]
parking (de)	aparcamiento (m)	[aparka'mjento]
benzinepomp (de)	surtidor (m)	[surti'ðor]
garage (de)	taller (m)	[ta'jer]
tanken (ww)	cargar gasolina	[kar'gar gaso'lina]
brandstof (de)	combustible (m)	[kombus'tiβle]
jerrycan (de)	bidón (m) de gasolina	[bi'ðon de gaso'lina]

asfalt (het)	asfalto (m)	[as'falʲto]
markering (de)	señalización (f) vial	[senjaliθa'θjon bi'jalʲ]
trottoirband (de)	bordillo (m)	[bor'ðijo]
geleiderail (de)	barrera (f) de seguridad	[ba'rera de seguri'ðað]
greppel (de)	cuneta (f)	[ku'neta]
vluchtstrook (de)	borde (m) de la carretera	['borðe de lʲa kare'tera]
lichtmast (de)	farola (f)	[fa'rolʲa]

besturen (een auto ~)	conducir (vi, vt)	[kondu'θir]
afslaan (naar rechts ~)	girar (vi)	[χi'rar]
U-bocht maken (ww)	girar en U	[χi'rar en 'u]
achteruit (de)	marcha (f) atrás	['martʃa a'tras]
toeteren (ww)	tocar la bocina	[to'kar lʲa bo'θina]

139

toeter (de)	bocinazo (m)	[boθi'naθo]
vastzitten (in modder)	atascarse (vr)	[atas'karse]
spinnen (wielen gaan ~)	patinar (vi)	[pati'nar]
uitzetten (ww)	parar (vt)	[pa'rar]
snelheid (de)	velocidad (f)	[belʲoθi'ðað]
een snelheidsovertreding maken	exceder la velocidad	[ekθe'ðer lʲa belʲoθi'ðað]
bekeuren (ww)	multar (vt)	[mulʲ'tar]
verkeerslicht (het)	semáforo (m)	[se'maforo]
rijbewijs (het)	permiso (m) de conducir	[per'miso de kondu'θir]
overgang (de)	paso (m) a nivel	['paso a ni'βelʲ]
kruispunt (het)	cruce (m)	['kruθe]
zebrapad (oversteekplaats)	paso (m) de peatones	['paso de pea'tones]
voetgangerszone (de)	zona (f) de peatones	['θona de pea'tones]

MENSEN. GEBEURTENISSEN IN HET LEVEN

152. Vakanties. Evenement

feest (het)	fiesta (f)	['fjesta]
nationale feestdag (de)	fiesta (f) nacional	['fjesta naθjo'nalʲ]
feestdag (de)	día (m) de fiesta	['dia de 'fjesta]
herdenken (ww)	celebrar (vt)	[θele'βrar]
gebeurtenis (de)	evento (m)	[e'βento]
evenement (het)	medida (f)	[me'ðiða]
banket (het)	banquete (m)	[baŋ'kete]
receptie (de)	recepción (f)	[resep'θjon]
feestmaal (het)	festín (m)	[fes'tin]
verjaardag (de)	aniversario (m)	[aniβer'sario]
jubileum (het)	jubileo (m)	[χuβi'leo]
Nieuwjaar (het)	Año (m) Nuevo	['anjo nu'eβo]
Gelukkig Nieuwjaar!	¡Feliz Año Nuevo!	[fe'liθ 'anjo nu'eβo]
Sinterklaas (de)	Papá Noel (m)	[pa'pa no'elʲ]
Kerstfeest (het)	Navidad (f)	[naβi'ðað]
Vrolijk kerstfeest!	¡Feliz Navidad!	[fe'liθ naβi'ðað]
kerstboom (de)	árbol (m) de Navidad	['arβolʲ de naβi'ðað]
vuurwerk (het)	fuegos (m pl) artificiales	[fu'egos artifi'θjales]
bruiloft (de)	boda (f)	['boða]
bruidegom (de)	novio (m)	['noβio]
bruid (de)	novia (f)	['noβia]
uitnodigen (ww)	invitar (vt)	[imbi'tar]
uitnodigingskaart (de)	tarjeta (f) de invitación	[tar'χeta de imbita'θjon]
gast (de)	invitado (m)	[imbi'taðo]
op bezoek gaan	visitar (vt)	[bisi'tar]
gasten verwelkomen	recibir a los invitados	[reθi'βir a los imbi'taðos]
geschenk, cadeau (het)	regalo (m)	[re'galʲo]
geven (iets cadeau ~)	regalar (vt)	[rega'lʲar]
geschenken ontvangen	recibir regalos	[reθi'βir re'galʲos]
boeket (het)	ramo (m) de flores	['ramo de 'flʲores]
felicitaties (mv.)	felicitación (f)	[feliθita'θjon]
feliciteren (ww)	felicitar (vt)	[feliθi'tar]
wenskaart (de)	tarjeta (f) de felicitación	[tar'χeta de feliθita'θjon]
een kaartje versturen	enviar una tarjeta	[em'bjar 'una tar'χeta]
een kaartje ontvangen	recibir una tarjeta	[reθi'βir 'una tar'χeta]
toast (de)	brindis (m)	['brindis]

| aanbieden (een drankje ~) | ofrecer (vt) | [ofre'θer] |
| champagne (de) | champaña (f) | [tʃam'panja] |

plezier hebben (ww)	divertirse (vr)	[diβer'tirse]
plezier (het)	diversión (f)	[diβer'sjon]
vreugde (de)	alegría (f)	[ale'ɣria]

| dans (de) | baile (m) | ['bajle] |
| dansen (ww) | bailar (vi, vt) | [baj'lʲar] |

| wals (de) | vals (m) | [balʲs] |
| tango (de) | tango (m) | ['tango] |

153. Begrafenissen. Begrafenis

kerkhof (het)	cementerio (m)	[θemen'terio]
graf (het)	tumba (f)	['tumba]
kruis (het)	cruz (f)	[kruθ]
grafsteen (de)	lápida (f)	['lʲapiða]
omheining (de)	verja (f)	['berχa]
kapel (de)	capilla (f)	[ka'pija]

dood (de)	muerte (f)	[mu'erte]
sterven (ww)	morir (vi)	[mo'rir]
overledene (de)	difunto (m)	[di'funto]
rouw (de)	luto (m)	['lʲuto]

begraven (ww)	enterrar (vt)	[ente'rar]
begrafenisonderneming (de)	funeraria (f)	[fune'raria]
begrafenis (de)	entierro (m)	[en'tjero]

krans (de)	corona (f) funeraria	[ko'rona fune'raria]
doodskist (de)	ataúd (m)	[ata'uð]
lijkwagen (de)	coche (m) fúnebre	['kotʃe 'funeβre]
lijkkleed (de)	mortaja (f)	[mor'taχa]

begrafenisstoet (de)	cortejo (m) fúnebre	[kor'teχo 'funeβre]
urn (de)	urna (f) funeraria	['urna fune'raria]
crematorium (het)	crematorio (m)	[krema'torio]

overlijdensbericht (het)	necrología (f)	[nekrolʲo'χia]
huilen (wenen)	llorar (vi)	[jo'rar]
snikken (huilen)	sollozar (vi)	[sojo'θar]

154. Oorlog. Soldaten

peloton (het)	sección (f)	[sek'θjon]
compagnie (de)	compañía (f)	[kompa'njia]
regiment (het)	regimiento (m)	[reχi'mjento]
leger (armee)	ejército (m)	[e'χerθito]
divisie (de)	división (f)	[diβi'θjon]
sectie (de)	destacamento (m)	[destaka'mento]

troep (de)	hueste (f)	[u'este]
soldaat (militair)	soldado (m)	[solᵘ'ðaðo]
officier (de)	oficial (m)	[ofi'θjalʲ]

soldaat (rang)	soldado (m) raso	[solᵘ'ðaðo 'raso]
sergeant (de)	sargento (m)	[sar'χento]
luitenant (de)	teniente (m)	[te'njente]
kapitein (de)	capitán (m)	[kapi'tan]
majoor (de)	mayor (m)	[ma'jor]
kolonel (de)	coronel (m)	[koro'nelʲ]
generaal (de)	general (m)	[χene'ralʲ]

matroos (de)	marino (m)	[ma'rino]
kapitein (de)	capitán (m)	[kapi'tan]
bootsman (de)	contramaestre (m)	[kontrama'estre]

artillerist (de)	artillero (m)	[arti'jero]
valschermjager (de)	paracaidista (m)	[parakai'ðista]
piloot (de)	piloto (m)	[pi'lʲoto]
stuurman (de)	navegador (m)	[naβega'ðor]
mecanicien (de)	mecánico (m)	[me'kaniko]

sappeur (de)	zapador (m)	[θapa'ðor]
parachutist (de)	paracaidista (m)	[parakai'ðista]
verkenner (de)	explorador (m)	[eksplʲora'ðor]
scherpschutter (de)	francotirador (m)	['fraŋko·tira'ðor]

patrouille (de)	patrulla (f)	[pa'truja]
patrouilleren (ww)	patrullar (vi, vt)	[patru'jar]
wacht (de)	centinela (m)	[θenti'nelʲa]

krijger (de)	guerrero (m)	[ge'rero]
patriot (de)	patriota (m)	[pa'trjota]
held (de)	héroe (m)	['eroe]
heldin (de)	heroína (f)	[ero'ina]

| verrader (de) | traidor (m) | [trai'ðor] |
| verraden (ww) | traicionar (vt) | [traiθjo'nar] |

| deserteur (de) | desertor (m) | [deser'tor] |
| deserteren (ww) | desertar (vi) | [deser'tar] |

huurling (de)	mercenario (m)	[merθe'nario]
rekruut (de)	recluta (m)	[re'klʲuta]
vrijwilliger (de)	voluntario (m)	[bolʲun'tario]

gedode (de)	muerto (m)	[mu'erto]
gewonde (de)	herido (m)	[e'riðo]
krijgsgevangene (de)	prisionero (m)	[prisjo'nero]

155. Oorlog. Militaire acties. Deel 1

| oorlog (de) | guerra (f) | ['gera] |
| oorlog voeren (ww) | estar en guerra | [es'tar en 'gera] |

burgeroorlog (de)	guerra (f) civil	['gera θi'βilʲ]
achterbaks (bw)	pérfidamente (adv)	['perfiða'mente]
oorlogsverklaring (de)	declaración (f) de guerra	[deklʲara'θjon de 'gera]
verklaren (de oorlog ~)	declarar (vt)	[deklʲa'rar]
agressie (de)	agresión (f)	[aɣre'sjon]
aanvallen (binnenvallen)	atacar (vt)	[ata'kar]

binnenvallen (ww)	invadir (vt)	[imba'ðir]
invaller (de)	invasor (m)	[imba'sor]
veroveraar (de)	conquistador (m)	[koŋkista'ðor]

verdediging (de)	defensa (f)	[de'fensa]
verdedigen (je land ~)	defender (vt)	[defen'der]
zich verdedigen (ww)	defenderse (vr)	[defen'derse]

vijand (de)	enemigo (m)	[ene'migo]
tegenstander (de)	adversario (m)	[aðβer'sario]
vijandelijk (bn)	enemigo (adj)	[ene'migo]

strategie (de)	estrategia (f)	[estra'teχia]
tactiek (de)	táctica (f)	['taktika]

order (de)	orden (f)	['orðen]
bevel (het)	comando (m)	[ko'mando]
bevelen (ww)	ordenar (vt)	[orðe'nar]
opdracht (de)	misión (f)	[mi'sjon]
geheim (bn)	secreto (adj)	[se'kreto]

veldslag (de)	batalla (f)	[ba'taja]
strijd (de)	combate (m)	[kom'bate]

aanval (de)	ataque (m)	[a'take]
bestorming (de)	asalto (m)	[a'salʲto]
bestormen (ww)	tomar por asalto	[to'mar por a'salʲto]
bezetting (de)	asedio (m), sitio (m)	[a'seðio], ['sitio]

aanval (de)	ofensiva (f)	[ofen'siβa]
in het offensief te gaan	tomar la ofensiva	[to'mar lʲa ofen'siβa]

terugtrekking (de)	retirada (f)	[reti'raða]
zich terugtrekken (ww)	retirarse (vr)	[reti'rarse]

omsingeling (de)	envolvimiento (m)	[embolʲβi'mjento]
omsingelen (ww)	cercar (vt)	[θer'kar]

bombardement (het)	bombardeo (m)	[bombar'ðeo]
een bom gooien	lanzar una bomba	[lʲan'θar 'una 'bomba]
bombarderen (ww)	bombear (vt)	[bombe'ar]
ontploffing (de)	explosión (f)	[eksplʲo'sjon]

schot (het)	tiro (m), disparo (m)	['tiro], [dis'paro]
een schot lossen	disparar (vi)	[dispa'rar]
schieten (het)	tiro (m)	['tiro]

mikken op (ww)	apuntar a ...	[apun'tar a]
aanleggen (een wapen ~)	encarar (vt)	[eŋka'rar]

treffen (doelwit ~)	alcanzar (vt)	[al'kan'θar]
zinken (tot zinken brengen)	hundir (vt)	[un'dir]
kogelgat (het)	brecha (f)	['bretʃa]
zinken (gezonken zijn)	hundirse (vr)	[un'dirse]

front (het)	frente (m)	['frente]
evacuatie (de)	evacuación (f)	[eβakua'θjon]
evacueren (ww)	evacuar (vt)	[eβaku'ar]

loopgraaf (de)	trinchera (f)	[trin'tʃera]
prikkeldraad (de)	alambre (m) de púas	[a'lʲambre de 'puas]
verdedigingsobstakel (het)	barrera (f)	[ba'rera]
wachttoren (de)	torre (f) de vigilancia	['tore de biχi'lʲanθia]

hospitaal (het)	hospital (m)	[ospi'talʲ]
verwonden (ww)	herir (vi, vt)	[e'rir]
wond (de)	herida (f)	[e'riða]
gewonde (de)	herido (m)	[e'riðo]
gewond raken (ww)	recibir una herida	[reθi'βir 'una e'riða]
ernstig (~e wond)	grave (adj)	['graβe]

156. Wapens

wapens (mv.)	arma (f)	['arma]
vuurwapens (mv.)	arma (f) de fuego	['arma de fu'ego]
koude wapens (mv.)	arma (f) blanca	['arma 'blʲaŋka]

chemische wapens (mv.)	arma (f) química	['arma 'kimika]
kern-, nucleair (bn)	nuclear (adj)	[nukle'ar]
kernwapens (mv.)	arma (f) nuclear	['arma nukle'ar]

bom (de)	bomba (f)	['bomba]
atoombom (de)	bomba (f) atómica	['bomba a'tomika]

pistool (het)	pistola (f)	[pis'tolʲa]
geweer (het)	fusil (m)	[fu'silʲ]
machinepistool (het)	metralleta (f)	[metra'jeta]
machinegeweer (het)	ametralladora (f)	[ametraja'ðora]

loop (schietbuis)	boca (f)	['boka]
loop (bijv. geweer met kortere ~)	cañón (m)	[ka'njon]
kaliber (het)	calibre (m)	[ka'liβre]

trekker (de)	gatillo (m)	[ga'tijo]
korrel (de)	alza (f)	['alʲθa]
magazijn (het)	cargador (m)	[karga'ðor]
geweerkolf (de)	culata (f)	[ku'lʲata]

granaat (handgranaat)	granada (f)	[gra'naða]
explosieven (mv.)	explosivo (m)	[eksplʲo'siβo]

kogel (de)	bala (f)	['balʲa]
patroon (de)	cartucho (m)	[kar'tutʃo]

lading (de)	carga (f)	['karga]
ammunitie (de)	pertrechos (m pl)	[per'tretʃos]
bommenwerper (de)	bombardero (m)	[bombar'ðero]
straaljager (de)	avión (m) de caza	[a'βjon de 'kaθa]
helikopter (de)	helicóptero (m)	[eli'koptero]
afweergeschut (het)	antiaéreo (m)	[anti·a'ereo]
tank (de)	tanque (m)	['taŋke]
kanon (tank met een ~ van 76 mm)	cañón (m)	[ka'njon]
artillerie (de)	artillería (f)	[artije'ria]
kanon (het)	cañón (m)	[ka'njon]
aanleggen (een wapen ~)	dirigir (vt)	[diri'χir]
mortier (de)	mortero (m)	[mor'tero]
mortiergranaat (de)	bomba (f) de mortero	['bomba de mar'tero]
projectiel (het)	obús (m)	[o'βus]
granaatscherf (de)	trozo (m) de obús	['troθo de o'βus]
duikboot (de)	submarino (m)	[suβma'rino]
torpedo (de)	torpedo (m)	[tor'peðo]
raket (de)	misil (m)	[mi'silʲ]
laden (geweer, kanon)	cargar (vt)	[kar'gar]
schieten (ww)	tirar (vi)	[ti'rar]
richten op (mikken)	apuntar a ...	[apun'tar a]
bajonet (de)	bayoneta (f)	[bajo'neta]
degen (de)	espada (f)	[es'paða]
sabel (de)	sable (m)	['saβle]
speer (de)	lanza (f)	['lʲanθa]
boog (de)	arco (m)	['arko]
pijl (de)	flecha (f)	['fletʃa]
musket (de)	mosquete (m)	[mos'kete]
kruisboog (de)	ballesta (f)	[ba'jesta]

157. Oude mensen

primitief (bn)	primitivo (adj)	[primi'tiβo]
voorhistorisch (bn)	prehistórico (adj)	[preis'toriko]
eeuwenoude (~ beschaving)	antiguo (adj)	[an'tiguo]
Steentijd (de)	Edad (f) de Piedra	[e'ðað de 'pjeðra]
Bronstijd (de)	Edad (f) de Bronce	[e'ðað de 'bronθe]
IJstijd (de)	Edad (f) de Hielo	[e'ðað de 'jelʲo]
stam (de)	tribu (f)	['triβu]
menseneter (de)	caníbal (m)	[ka'niβalʲ]
jager (de)	cazador (m)	[kaθa'ðor]
jagen (ww)	cazar (vi, vt)	[ka'θar]
mammoet (de)	mamut (m)	[ma'mut]
grot (de)	caverna (f)	[ka'βerna]

vuur (het)	fuego (m)	[fu'ego]
kampvuur (het)	hoguera (f)	[o'gera]
rotstekening (de)	pintura (f) rupestre	[pin'tura ru'pestre]

werkinstrument (het)	herramienta (f), útil (m)	[era'mjenta], ['utilʲ]
speer (de)	lanza (f)	['lʲanθa]
stenen bijl (de)	hacha (f) de piedra	['atʃa de 'pjeðra]
oorlog voeren (ww)	estar en guerra	[es'tar en 'gera]
temmen (bijv. wolf ~)	domesticar (vt)	[domesti'kar]

idool (het)	ídolo (m)	['iðolʲo]
aanbidden (ww)	adorar (vt)	[aðo'rar]
bijgeloof (het)	superstición (f)	[supersti'θjon]
ritueel (het)	rito (m)	['rito]

evolutie (de)	evolución (f)	[eβolʲu'θjon]
ontwikkeling (de)	desarrollo (m)	[desa'rojo]
verdwijning (de)	desaparición (f)	[desapari'θjon]
zich aanpassen (ww)	adaptarse (vr)	[aðap'tarse]

archeologie (de)	arqueología (f)	[arkeolʲo'xia]
archeoloog (de)	arqueólogo (m)	[arke'olʲogo]
archeologisch (bn)	arqueológico (adj)	[arkeo'lʲoxiko]

opgravingsplaats (de)	sitio (m) de excavación	['sitio de ekskaβa'θjon]
opgravingen (mv.)	excavaciones (f pl)	[ekskaβa'θjones]
vondst (de)	hallazgo (m)	[a'jaθgo]
fragment (het)	fragmento (m)	[fraɣ'mento]

158. Middeleeuwen

volk (het)	pueblo (m)	[pu'eβlʲo]
volkeren (mv.)	pueblos (m pl)	[pu'eβlʲos]
stam (de)	tribu (f)	['triβu]
stammen (mv.)	tribus (f pl)	['triβus]

barbaren (mv.)	bárbaros (m pl)	['barβaros]
Galliërs (mv.)	galos (m pl)	['galʲos]
Goten (mv.)	godos (m pl)	['goðos]
Slaven (mv.)	eslavos (m pl)	[es'lʲaβos]
Vikings (mv.)	vikingos (m pl)	[bi'kingos]

| Romeinen (mv.) | romanos (m pl) | [ro'manos] |
| Romeins (bn) | romano (adj) | [ro'mano] |

Byzantijnen (mv.)	bizantinos (m pl)	[biθan'tinos]
Byzantium (het)	Bizancio (m)	[bi'θanθio]
Byzantijns (bn)	bizantino (adj)	[biθan'tino]

keizer (bijv. Romeinse ~)	emperador (m)	[empera'ðor]
opperhoofd (het)	jefe (m)	['xefe]
machtig (bn)	poderoso (adj)	[poðe'roso]
koning (de)	rey (m)	[rej]
heerser (de)	gobernador (m)	[goβerna'ðor]

ridder (de)	caballero (m)	[kaβa'jero]
feodaal (de)	señor (m) feudal	[se'njor feu'ðalʲ]
feodaal (bn)	feudal (adj)	[feu'ðalʲ]
vazal (de)	vasallo (m)	[ba'sajo]
hertog (de)	duque (m)	['duke]
graaf (de)	conde (m)	['konde]
baron (de)	barón (m)	[ba'ron]
bisschop (de)	obispo (m)	[o'βispo]
harnas (het)	armadura (f)	[arma'ðura]
schild (het)	escudo (m)	[es'kuðo]
zwaard (het)	espada (f)	[es'paða]
vizier (het)	visera (f)	[bi'sera]
maliënkolder (de)	cota (f) de malla	['kota de 'maja]
kruistocht (de)	cruzada (f)	[kru'θaða]
kruisvaarder (de)	cruzado (m)	[kru'θaðo]
gebied (bijv. bezette ~en)	territorio (m)	[teri'torio]
aanvallen (binnenvallen)	atacar (vt)	[ata'kar]
veroveren (ww)	conquistar (vt)	[koŋkis'tar]
innemen (binnenvallen)	ocupar (vt)	[oku'par]
bezetting (de)	asedio (m), sitio (m)	[a'seðio], ['sitio]
belegerd (bn)	sitiado (adj)	[si'tjaðo]
belegeren (ww)	asediar, sitiar	[ase'ðjar], [si'tjar]
inquisitie (de)	inquisición (f)	[iŋkisi'θjon]
inquisiteur (de)	inquisidor (m)	[iŋkisi'ðor]
foltering (de)	tortura (f)	[tor'tura]
wreed (bn)	cruel (adj)	[kru'elʲ]
ketter (de)	hereje (m)	[e'reχe]
ketterij (de)	herejía (f)	[ere'χia]
zeevaart (de)	navegación (f) marítima	[naβega'θjon ma'ritima]
piraat (de)	pirata (m)	[pi'rata]
piraterij (de)	piratería (f)	[pirate'ria]
enteren (het)	abordaje (m)	[aβor'ðaχe]
buit (de)	botín (m)	[bo'tin]
schatten (mv.)	tesoros (m pl)	[te'soros]
ontdekking (de)	descubrimiento (m)	[deskuβri'mjento]
ontdekken (bijv. nieuw land)	descubrir (vt)	[desku'βrir]
expeditie (de)	expedición (f)	[ekspeði'θjon]
musketier (de)	mosquetero (m)	[moske'tero]
kardinaal (de)	cardenal (m)	[karðe'nalʲ]
heraldiek (de)	heráldica (f)	[e'ralʲdika]
heraldisch (bn)	heráldico (adj)	[e'ralʲdiko]

159. Leider. Baas. Autoriteiten

koning (de)	rey (m)	['rej]
koningin (de)	reina (f)	['rejna]

| koninklijk (bn) | real (adj) | [re'alʲ] |
| koninkrijk (het) | reino (m) | ['rejno] |

| prins (de) | príncipe (m) | ['prinθipe] |
| prinses (de) | princesa (f) | [prin'θesa] |

president (de)	presidente (m)	[presi'ðente]
vicepresident (de)	vicepresidente (m)	['biθe·presi'ðente]
senator (de)	senador (m)	[sena'ðor]

monarch (de)	monarca (m)	[mo'narka]
heerser (de)	gobernador (m)	[goβerna'ðor]
dictator (de)	dictador (m)	[dikta'ðor]
tiran (de)	tirano (m)	[ti'rano]
magnaat (de)	magnate (m)	[maɣ'nate]

directeur (de)	director (m)	[direk'tor]
chef (de)	jefe (m)	['χefe]
beheerder (de)	gerente (m)	[χe'rente]
baas (de)	amo (m)	['amo]
eigenaar (de)	dueño (m)	[du'enjo]

leider (de)	jefe (m), líder (m)	['χefe], ['liðer]
hoofd	jefe (m)	['χefe]
(bijv. ~ van de delegatie)		
autoriteiten (mv.)	autoridades (f pl)	[autori'ðaðes]
superieuren (mv.)	superiores (m pl)	[supe'rjores]

gouverneur (de)	gobernador (m)	[goβerna'ðor]
consul (de)	cónsul (m)	['konsulʲ]
diplomaat (de)	diplomático (m)	[diplʲo'matiko]
burgemeester (de)	alcalde (m)	[alʲ'kalʲde]
sheriff (de)	sheriff (m)	[ʃe'rif]

keizer (bijv. Romeinse ~)	emperador (m)	[empera'ðor]
tsaar (de)	zar (m)	[θar]
farao (de)	faraón (m)	[fara'on]
kan (de)	jan (m), kan (m)	[χan]

160. De wet overtreden. Criminelen. Deel 1

bandiet (de)	bandido (m)	[ban'diðo]
misdaad (de)	crimen (m)	['krimen]
misdadiger (de)	criminal (m)	[krimi'nalʲ]

dief (de)	ladrón (m)	[lʲa'ðron]
stelen (ww)	robar (vt)	[ro'βar]
stelen, diefstal (de)	robo (m)	['roβo]

kidnappen (ww)	secuestrar (vt)	[sekues'trar]
kidnapping (de)	secuestro (m)	[seku'estro]
kidnapper (de)	secuestrador (m)	[sekuestra'ðor]
losgeld (het)	rescate (m)	[res'kate]
eisen losgeld (ww)	exigir un rescate	[eksi'χir un res'kate]

overvallen (ww)	robar (vt)	[ro'βar]
overval (de)	robo (m)	['roβo]
overvaller (de)	atracador (m)	[atraka'ðor]

afpersen (ww)	extorsionar (vt)	[ekstorsjo'nar]
afperser (de)	extorsionista (m)	[ekstorsjo'nista]
afpersing (de)	extorsión (f)	[ekstor'sjon]

vermoorden (ww)	matar, asesinar (vt)	[ma'tar], [asesi'nar]
moord (de)	asesinato (m)	[asesi'nato]
moordenaar (de)	asesino (m)	[ase'sino]

schot (het)	tiro (m), disparo (m)	['tiro], [dis'paro]
een schot lossen	disparar (vi)	[dispa'rar]
neerschieten (ww)	matar (vt)	[ma'tar]
schieten (ww)	tirar (vi)	[ti'rar]
schieten (het)	tiroteo (m)	[tiro'teo]

ongeluk (gevecht, enz.)	incidente (m)	[inθi'ðente]
gevecht (het)	pelea (f)	[pe'lea]
Help!	¡Socorro!	[so'koro]
slachtoffer (het)	víctima (f)	['biktima]

beschadigen (ww)	perjudicar (vt)	[perχuði'kar]
schade (de)	daño (m)	['danjo]
lijk (het)	cadáver (m)	[ka'ðaβer]
zwaar (~ misdrijf)	grave (adj)	['graβe]

aanvallen (ww)	atacar (vt)	[ata'kar]
slaan (iemand ~)	pegar (vt)	[pe'gar]
in elkaar slaan (toetakelen)	apporear (vt)	[appore'ar]
ontnemen (beroven)	quitar (vt)	[ki'tar]
steken (met een mes)	acuchillar (vt)	[akutʃi'jar]

| verminken (ww) | mutilar (vt) | [muti'ʎar] |
| verwonden (ww) | herir (vt) | [e'rir] |

chantage (de)	chantaje (m)	[ʧan'taχe]
chanteren (ww)	hacer chantaje	[a'θer ʧan'taχe]
chanteur (de)	chantajista (m)	[ʧanta'χista]

| afpersing (de) | extorsión (f) | [ekstor'sjon] |
| afperser (de) | extorsionador (m) | [ekstorsjona'ðor] |

| gangster (de) | gángster (m) | ['ganster] |
| maffia (de) | mafia (f) | ['mafia] |

| kruimeldief (de) | carterista (m) | [karte'rista] |
| inbreker (de) | ladrón (m) de viviendas | [ʎa'ðron de bi'βjendas] |

| smokkelen (het) | contrabandismo (m) | [kontraβan'dismo] |
| smokkelaar (de) | contrabandista (m) | [kontraβan'dista] |

namaak (de)	falsificación (f)	[falˈsifika'θjon]
namaken (ww)	falsificar (vt)	[falˈsifi'kar]
namaak-, vals (bn)	falso, falsificado	['falˈso], [falˈsifi'kaðo]

161. De wet overtreden. Criminelen. Deel 2

verkrachting (de)	violación (f)	[bioˡaˈθjon]
verkrachten (ww)	violar (vt)	[bioˈlʲar]
verkrachter (de)	violador (m)	[bioˡaˈðor]
maniak (de)	maniaco (m)	[maniˈako]
prostituee (de)	prostituta (f)	[prostiˈtuta]
prostitutie (de)	prostitución (f)	[prostituˈθjon]
pooier (de)	chulo (m), proxeneta (m)	[ˈʧulʲo], [prokseˈneta]
drugsverslaafde (de)	drogadicto (m)	[droɣ·aˈðikto]
drugshandelaar (de)	narcotraficante (m)	[narko·trafiˈkante]
opblazen (ww)	hacer explotar	[aˈθer eksplʲoˈtar]
explosie (de)	explosión (f)	[eksplʲoˈsjon]
in brand steken (ww)	incendiar (vt)	[inθenˈdjar]
brandstichter (de)	incendiario (m)	[inθenˈdjario]
terrorisme (het)	terrorismo (m)	[teroˈrismo]
terrorist (de)	terrorista (m)	[teroˈrista]
gijzelaar (de)	rehén (m)	[reˈen]
bedriegen (ww)	estafar (vt)	[estaˈfar]
bedrog (het)	estafa (f)	[esˈtafa]
oplichter (de)	estafador (m)	[estafaˈðor]
omkopen (ww)	sobornar (vt)	[soβorˈnar]
omkoperij (de)	soborno (m)	[soˈβorno]
smeergeld (het)	soborno (m)	[soˈβorno]
vergif (het)	veneno (m)	[beˈneno]
vergiftigen (ww)	envenenar (vt)	[embeneˈnar]
vergif innemen (ww)	envenenarse (vr)	[embeneˈnarse]
zelfmoord (de)	suicidio (m)	[suiˈθiðio]
zelfmoordenaar (de)	suicida (m, f)	[suiˈθiða]
bedreigen (bijv. met een pistool)	amenazar (vt)	[amenaˈθar]
bedreiging (de)	amenaza (f)	[ameˈnasa]
een aanslag plegen	atentar (vi)	[atenˈtar]
aanslag (de)	atentado (m)	[atenˈtaðo]
stelen (een auto)	robar (vt)	[roˈβar]
kapen (een vliegtuig)	secuestrar (vt)	[sekuesˈtrar]
wraak (de)	venganza (f)	[benˈganθa]
wreken (ww)	vengar (vt)	[benˈgar]
martelen (gevangenen)	torturar (vt)	[tortuˈrar]
foltering (de)	tortura (f)	[torˈtura]
folteren (ww)	atormentar (vt)	[atormenˈtar]
piraat (de)	pirata (m)	[piˈrata]
straatschender (de)	gamberro (m)	[gamˈbero]

gewapend (bn)	armado (adj)	[ar'maðo]
geweld (het)	violencia (f)	[bio'lenθia]
onwettig (strafbaar)	ilegal (adj)	[ile'galʲ]

| spionage (de) | espionaje (m) | [espjo'naχe] |
| spioneren (ww) | espiar (vi, vt) | [espi'jar] |

162. Politie. Wet. Deel 1

| justitie (de) | justicia (f) | [χus'tiθia] |
| gerechtshof (het) | tribunal (m) | [triβu'nalʲ] |

rechter (de)	juez (m)	[χu'eθ]
jury (de)	jurados (m pl)	[χu'raðos]
juryrechtspraak (de)	tribunal (m) de jurados	[triβu'nalʲ de χu'raðos]
berechten (ww)	juzgar (vt)	[χuθ'gar]

advocaat (de)	abogado (m)	[aβo'gaðo]
beklaagde (de)	acusado (m)	[aku'saðo]
beklaagdenbank (de)	banquillo (m) de los acusados	[baŋ'kijo de los aku'saðos]

| beschuldiging (de) | inculpación (f) | [iŋkulʲpa'θjon] |
| beschuldigde (de) | inculpado (m) | [iŋkulʲ'paðo] |

| vonnis (het) | sentencia (f) | [sen'tenθia] |
| veroordelen (in een rechtszaak) | sentenciar (vt) | [senten'θjar] |

schuldige (de)	culpable (m)	[kulʲ'paβle]
straffen (ww)	castigar (vt)	[kasti'gar]
bestraffing (de)	castigo (m)	[kas'tigo]

boete (de)	multa (f)	['mulʲta]
levenslange opsluiting (de)	cadena (f) perpetua	[ka'ðena per'petua]
doodstraf (de)	pena (f) de muerte	['pena de mu'erte]
elektrische stoel (de)	silla (f) eléctrica	['sija e'lektrika]
schavot (het)	horca (f)	['orka]

| executeren (ww) | ejecutar (vt) | [eχeku'tar] |
| executie (de) | ejecución (f) | [eχeku'θjon] |

| gevangenis (de) | prisión (f) | [pri'sjon] |
| cel (de) | celda (f) | ['θelʲda] |

konvooi (het)	escolta (f)	[es'kolʲta]
gevangenisbewaker (de)	guardia (m) de prisiones	[gu'arðja de pri'sjones]
gedetineerde (de)	prisionero (m)	[prisjo'nero]

| handboeien (mv.) | esposas (f pl) | [es'posas] |
| handboeien omdoen | esposar (vt) | [espo'sar] |

| ontsnapping (de) | escape (m) | [es'kape] |
| ontsnappen (ww) | escaparse (vr) | [eska'parse] |

verdwijnen (ww)	desaparecer (vi)	[desapare'θer]
vrijlaten (uit de gevangenis)	liberar (vt)	[liβe'rar]
amnestie (de)	amnistía (f)	[amnis'tia]

politie (de)	policía (f)	[poli'θia]
politieagent (de)	policía (m)	[poli'θia]
politiebureau (het)	comisaría (f) de policía	[komisa'ria de poli'θia]
knuppel (de)	porra (f)	['pora]
megafoon (de)	megáfono (m)	[me'ɣafono]

patrouilleerwagen (de)	coche (m) patrulla	['kotʃe pa'truja]
sirene (de)	sirena (f)	[si'rena]
de sirene aansteken	poner la sirena	[po'ner lʲa si'rena]
geloei (het) van de sirene	sonido (m) de sirena	[so'niðo de si'rena]

plaats delict (de)	escena (f) del delito	[e'θeno delʲ de'lito]
getuige (de)	testigo (m)	[tes'tigo]
vrijheid (de)	libertad (f)	[liβer'tað]
handlanger (de)	cómplice (m)	['kompliθe]
ontvluchten (ww)	escapar de ...	[eska'par de]
spoor (het)	rastro (m)	['rastro]

163. Politie. Wet. Deel 2

opsporing (de)	búsqueda (f)	['buskeða]
opsporen (ww)	buscar (vt)	[bus'kar]
verdenking (de)	sospecha (f)	[sos'petʃa]
verdacht (bn)	sospechoso (adj)	[sospe'tʃoso]
aanhouden (stoppen)	parar (vt)	[pa'rar]
tegenhouden (ww)	retener (vt)	[rete'ner]

strafzaak (de)	causa (f)	['kausa]
onderzoek (het)	investigación (f)	[imbestiga'θjon]
detective (de)	detective (m)	[detek'tiβe]
onderzoeksrechter (de)	investigador (m)	[imbestiga'ðor]
versie (de)	versión (f)	[ber'sjon]

motief (het)	motivo (m)	[mo'tiβo]
verhoor (het)	interrogatorio (m)	[interoga'torio]
ondervragen (door de politie)	interrogar (vt)	[intero'gar]
ondervragen (omstanders ~)	interrogar (vt)	[intero'gar]
controle (de)	control (m)	[kon'trolʲ]

razzia (de)	redada (f)	[re'ðaða]
huiszoeking (de)	registro (m)	[re'χistro]
achtervolging (de)	persecución (f)	[perseku'θjon]
achtervolgen (ww)	perseguir (vt)	[perse'gir]
opsporen (ww)	rastrear (vt)	[rastre'ar]

arrest (het)	arresto (m)	[a'resto]
arresteren (ww)	arrestar (vt)	[ares'tar]
vangen, aanhouden (een dief, enz.)	capturar (vt)	[kaptu'rar]
aanhouding (de)	captura (f)	[kap'tura]

153

document (het)	documento (m)	[doku'mento]
bewijs (het)	prueba (f)	[pru'eβa]
bewijzen (ww)	probar (vt)	[pro'βar]
voetspoor (het)	huella (f)	[u'eja]
vingerafdrukken (mv.)	huellas (f pl) digitales	[u'ejas diχi'tales]
bewijs (het)	elemento (m) de prueba	[ele'mento de pru'eβa]

alibi (het)	coartada (f)	[koar'taða]
onschuldig (bn)	inocente (adj)	[ino'θente]
onrecht (het)	injusticia (f)	[inχus'tiθia]
onrechtvaardig (bn)	injusto (adj)	[in'χusto]

crimineel (bn)	criminal (adj)	[krimi'nalʲ]
confisqueren (in beslag nemen)	confiscar (vt)	[koɱfis'kar]
drug (de)	narcótico (m)	[nar'kotiko]
wapen (het)	arma (f)	['arma]
ontwapenen (ww)	desarmar (vt)	[desar'mar]
bevelen (ww)	ordenar (vt)	[orðe'nar]
verdwijnen (ww)	desaparecer (vi)	[desapare'θer]

wet (de)	ley (f)	[lej]
wettelijk (bn)	legal (adj)	[le'galʲ]
onwettelijk (bn)	ilegal (adj)	[ile'galʲ]

verantwoordelijkheid (de)	responsabilidad (f)	[responsaβili'ðað]
verantwoordelijk (bn)	responsable (adj)	[respon'saβle]

NATUUR

De Aarde. Deel 1

164. De kosmische ruimte

kosmos (de)	cosmos (m)	['kosmos]
kosmisch (bn)	espacial, cósmico (adj)	[espa'θjalʲ], ['kosmiko]
kosmische ruimte (de)	espacio (m) cósmico	[es'paθjo 'kosmiko]
heelal (het)	universo (m)	[uni'βerso]
sterrenstelsel (het)	galaxia (f)	[ga'lʲaksia]
ster (de)	estrella (f)	[es'treja]
sterrenbeeld (het)	constelación (f)	[konstelʲa'θjon]
planeet (de)	planeta (m)	[plʲa'neta]
satelliet (de)	satélite (m)	[sa'telite]
meteoriet (de)	meteorito (m)	[meteo'rito]
komeet (de)	cometa (m)	[ko'meta]
asteroïde (de)	asteroide (m)	[aste'roiðe]
baan (de)	órbita (f)	['orβita]
draaien (om de zon, enz.)	girar (vi)	[xi'rar]
atmosfeer (de)	atmósfera (f)	[að'mosfera]
Zon (de)	Sol (m)	[solʲ]
zonnestelsel (het)	sistema (m) solar	[sis'tema so'lʲar]
zonsverduistering (de)	eclipse (m) de Sol	[e'klipse de solʲ]
Aarde (de)	Tierra (f)	['tjera]
Maan (de)	Luna (f)	['lʲuna]
Mars (de)	Marte (m)	['marte]
Venus (de)	Venus (f)	['benus]
Jupiter (de)	Júpiter (m)	['xupiter]
Saturnus (de)	Saturno (m)	[sa'turno]
Mercurius (de)	Mercurio (m)	[mer'kurio]
Uranus (de)	Urano (m)	[u'rano]
Neptunus (de)	Neptuno (m)	[nep'tuno]
Pluto (de)	Plutón (m)	[plʲu'ton]
Melkweg (de)	la Vía Láctea	[lʲa 'bia 'lʲaktea]
Grote Beer (de)	la Osa Mayor	[lʲa 'osa ma'jor]
Poolster (de)	la Estrella Polar	[lʲa es'treja po'lʲar]
marsmannetje (het)	marciano (m)	[mar'θjano]
buitenaards wezen (het)	extraterrestre (m)	[ekstrate'restre]

| bovenaards (het) | planetícola (m) | [plʲane'tikolʲa] |
| vliegende schotel (de) | platillo (m) volante | [plʲa'tijo bo'lʲante] |

ruimtevaartuig (het)	nave (f) espacial	['naβe espa'θjalʲ]
ruimtestation (het)	estación (f) orbital	[esta'θjon orβi'talʲ]
start (de)	despegue (m)	[des'pege]

motor (de)	motor (m)	[mo'tor]
straalpijp (de)	tobera (f)	[to'βera]
brandstof (de)	combustible (m)	[kombus'tiβle]

cabine (de)	carlinga (f)	[kar'linga]
antenne (de)	antena (f)	[an'tena]
patrijspoort (de)	ventana (f)	[ben'tana]
zonnebatterij (de)	batería (f) solar	[bate'ria so'lʲar]
ruimtepak (het)	escafandra (f)	[eska'fandra]

| gewichtloosheid (de) | ingravidez (f) | [ingraβi'ðeθ] |
| zuurstof (de) | oxígeno (m) | [o'ksiχeno] |

| koppeling (de) | atraque (m) | [a'trake] |
| koppeling maken | realizar el atraque | [reali'θar elʲ a'trake] |

observatorium (het)	observatorio (m)	[oβserβa'torio]
telescoop (de)	telescopio (m)	[teles'kopio]
waarnemen (ww)	observar (vt)	[oβser'βar]
exploreren (ww)	explorar (vt)	[eksplʲo'rar]

165. De Aarde

Aarde (de)	Tierra (f)	['tjera]
aardbol (de)	globo (m) terrestre	['glʲoβo te'restre]
planeet (de)	planeta (m)	[plʲa'neta]

atmosfeer (de)	atmósfera (f)	[að'mosfera]
aardrijkskunde (de)	geografía (f)	[χeoɣra'fia]
natuur (de)	naturaleza (f)	[natura'leθa]

wereldbol (de)	globo (m) terráqueo	['glʲoβo te'rakeo]
kaart (de)	mapa (m)	['mapa]
atlas (de)	atlas (m)	['atlʲas]

| Europa (het) | Europa (f) | [eu'ropa] |
| Azië (het) | Asia (f) | ['asia] |

| Afrika (het) | África (f) | ['afrika] |
| Australië (het) | Australia (f) | [aus'tralia] |

Amerika (het)	América (f)	[a'merika]
Noord-Amerika (het)	América (f) del Norte	[a'merika delʲ 'norte]
Zuid-Amerika (het)	América (f) del Sur	[a'merika delʲ 'sur]

| Antarctica (het) | Antártida (f) | [an'tartiða] |
| Arctis (de) | Ártico (m) | ['artiko] |

166. Windrichtingen

noorden (het)	norte (m)	['norte]
naar het noorden	al norte	[alʲ 'norte]
in het noorden	en el norte	[en elʲ 'norte]
noordelijk (bn)	del norte (adj)	[delʲ 'norte]

zuiden (het)	sur (m)	[sur]
naar het zuiden	al sur	[alʲ sur]
in het zuiden	en el sur	[en elʲ sur]
zuidelijk (bn)	del sur (adj)	[delʲ sur]

westen (het)	oeste (m)	[o'este]
naar het westen	al oeste	[alʲ o'este]
in het westen	en el oeste	[en elʲ o'este]
westelijk (bn)	del oeste (adj)	[delʲ o'este]

oosten (het)	este (m)	['este]
naar het oosten	al este	[alʲ 'este]
in het oosten	en el este	[en elʲ 'este]
oostelijk (bn)	del este (adj)	[delʲ 'este]

167. Zee. Oceaan

zee (de)	mar (m)	[mar]
oceaan (de)	océano (m)	[o'θeano]
golf (baai)	golfo (m)	['golʲfo]
straat (de)	estrecho (m)	[es'treʧo]

grond (vaste grond)	tierra (f) firme	['tjera 'firme]
continent (het)	continente (m)	[konti'nente]
eiland (het)	isla (f)	['islʲa]
schiereiland (het)	península (f)	[pe'ninsulʲa]
archipel (de)	archipiélago (m)	[arʧipi'elʲago]

baai, bocht (de)	bahía (f)	[ba'ia]
haven (de)	ensenada, bahía (f)	[ba'ia]
lagune (de)	laguna (f)	[lʲa'guna]
kaap (de)	cabo (m)	['kaβo]

atol (de)	atolón (m)	[ato'lʲon]
rif (het)	arrecife (m)	[are'θife]
koraal (het)	coral (m)	[ko'ralʲ]
koraalrif (het)	arrecife (m) de coral	[are'θife de ko'ralʲ]

diep (bn)	profundo (adj)	[pro'fundo]
diepte (de)	profundidad (f)	[profundi'ðað]
diepzee (de)	abismo (m)	[a'βismo]
trog (bijv. Marianentrog)	fosa (f) oceánica	['fosa oθe'anika]

stroming (de)	corriente (f)	[ko'rjente]
omspoelen (ww)	bañar (vt)	[ba'njar]
oever (de)	orilla (f)	[o'rija]

kust (de)	costa (f)	['kosta]
vloed (de)	flujo (m)	['flʲuχo]
eb (de)	reflujo (m)	[re'flʲuχo]
ondiepte (ondiep water)	banco (m) de arena	['baŋko de a'rena]
bodem (de)	fondo (m)	['fondo]

golf (hoge ~)	ola (f)	['olʲa]
golfkam (de)	cresta (f) de la ola	['kresta de lʲa 'olʲa]
schuim (het)	espuma (f)	[es'puma]

storm (de)	tempestad (f)	[tempes'tað]
orkaan (de)	huracán (m)	[ura'kan]
tsunami (de)	tsunami (m)	[tsu'nami]
windstilte (de)	bonanza (f)	[bo'nanθa]
kalm (bijv. ~e zee)	calmo, tranquilo (adj)	['kalʲmo], [traŋ'kilʲo]

pool (de)	polo (m)	['polʲo]
polair (bn)	polar (adj)	[po'lʲar]

breedtegraad (de)	latitud (f)	[lʲati'tuð]
lengtegraad (de)	longitud (f)	[lʲonχi'tuð]
parallel (de)	paralelo (m)	[para'lelʲo]
evenaar (de)	ecuador (m)	[ekua'ðor]

hemel (de)	cielo (m)	['θjelʲo]
horizon (de)	horizonte (m)	[ori'θonte]
lucht (de)	aire (m)	['aire]

vuurtoren (de)	faro (m)	['faro]
duiken (ww)	bucear (vi)	[buθe'ar]
zinken (ov. een boot)	hundirse (vr)	[un'dirse]
schatten (mv.)	tesoros (m pl)	[te'soros]

168. Bergen

berg (de)	montaña (f)	[mon'tanja]
bergketen (de)	cadena (f) de montañas	[ka'ðena de mon'tanjas]
gebergte (het)	cresta (f) de montañas	['kresta de mon'tanjas]

bergtop (de)	cima (f)	['θima]
bergpiek (de)	pico (m)	['piko]
voet (ov. de berg)	pie (m)	[pje]
helling (de)	cuesta (f)	[ku'esta]

vulkaan (de)	volcán (m)	[bolʲ'kan]
actieve vulkaan (de)	volcán (m) activo	[bolʲ'kan ak'tiβo]
uitgedoofde vulkaan (de)	volcán (m) apagado	[bolʲ'kan apa'gaðo]

uitbarsting (de)	erupción (f)	[erup'θjon]
krater (de)	cráter (m)	['krater]
magma (het)	magma (m)	['maɣma]
lava (de)	lava (f)	['lʲaβa]
gloeiend (~e lava)	fundido (adj)	[fun'diðo]
kloof (canyon)	cañón (m)	[ka'njon]

bergkloof (de)	desfiladero (m)	[desfiⁱa'ðero]
spleet (de)	grieta (f)	[gri'eta]
afgrond (de)	precipicio (m)	[preθi'piθio]

bergpas (de)	puerto (m)	[pu'erto]
plateau (het)	meseta (f)	[me'seta]
klip (de)	roca (f)	['roka]
heuvel (de)	colina (f)	[ko'lina]

gletsjer (de)	glaciar (m)	[glⁱa'θjar]
waterval (de)	cascada (f)	[kas'kaða]
geiser (de)	geiser (m)	['χejser]
meer (het)	lago (m)	['lⁱago]

vlakte (de)	llanura (f)	[ja'nura]
landschap (het)	paisaje (m)	[paj'saχe]
echo (de)	eco (m)	['eko]

alpinist (de)	alpinista (m)	[alⁱpi'nista]
bergbeklimmer (de)	escalador (m)	[eskalⁱa'ðor]
trotseren (berg ~)	conquistar (vt)	[koŋkis'tar]
beklimming (de)	ascensión (f)	[aθen'sjon]

169. Rivieren

rivier (de)	río (m)	['rio]
bron (~ van een rivier)	manantial (m)	[manan'tjalⁱ]
riverbedding (de)	lecho (m)	['letʃo]
riverbekken (het)	cuenca (f) fluvial	[ku'eŋka flⁱu'βjalⁱ]
uitmonden in …	desembocar en …	[desembo'kar en]

| zijrivier (de) | afluente (m) | [aflⁱu'ente] |
| oever (de) | orilla (f), ribera (f) | [o'rija], [ri'βera] |

stroming (de)	corriente (f)	[ko'rjente]
stroomafwaarts (bw)	río abajo (adv)	['rio a'βaχo]
stroomopwaarts (bw)	río arriba (adv)	['rio a'riβa]

overstroming (de)	inundación (f)	[inunda'θjon]
overstroming (de)	riada (f)	['rjaða]
buiten zijn oevers treden	desbordarse (vr)	[desβor'ðarse]
overstromen (ww)	inundar (vt)	[inun'dar]

| zandbank (de) | bajo (m) arenoso | ['baχo are'noso] |
| stroomversnelling (de) | rápido (m) | ['rapiðo] |

dam (de)	presa (f)	['presa]
kanaal (het)	canal (m)	[ka'nalⁱ]
spaarbekken (het)	lago (m) artificiale	['lⁱago artifi'θjale]
sluis (de)	esclusa (f)	[es'klⁱusa]

waterlichaam (het)	cuerpo (m) de agua	[ku'erpo de 'agua]
moeras (het)	pantano (m)	[pan'tano]
broek (het)	ciénaga (f)	['θjenaga]

draaikolk (de)	remolino (m)	[remo'lino]
stroom (de)	arroyo (m)	[a'rojo]
drink- (abn)	potable (adj)	[po'taβle]
zoet (~ water)	dulce (adj)	['dulˈθe]

| ijs (het) | hielo (m) | ['jelˈo] |
| bevriezen (rivier, enz.) | helarse (vr) | [e'lˈarse] |

170. Bos

| bos (het) | bosque (m) | ['boske] |
| bos- (abn) | de bosque (adj) | [de 'boske] |

oerwoud (dicht bos)	espesura (f)	[espe'sura]
bosje (klein bos)	bosquecillo (m)	[bokse'θijo]
open plek (de)	claro (m)	['klˈaro]

| struikgewas (het) | maleza (f) | [ma'leθa] |
| struiken (mv.) | matorral (m) | [mato'ralˈ] |

| paadje (het) | senda (f) | ['senda] |
| ravijn (het) | barranco (m) | [ba'raŋko] |

boom (de)	árbol (m)	['arβolˈ]
blad (het)	hoja (f)	['oχa]
gebladerte (het)	follaje (m)	[fo'jaχe]

vallende bladeren (mv.)	caída (f) de hojas	[ka'iða de 'oχas]
vallen (ov. de bladeren)	caer (vi)	[ka'er]
boomtop (de)	cima (f)	['θima]

tak (de)	rama (f)	['rama]
ent (de)	rama (f)	['rama]
knop (de)	brote (m)	['brote]
naald (de)	aguja (f)	[a'guχa]
dennenappel (de)	piña (f)	['pinja]

| boom holte (de) | agujero (m) | [agu'χero] |
| nest (het) | nido (m) | ['niðo] |

stam (de)	tronco (m)	['troŋko]
wortel (bijv. boom~s)	raíz (f)	[ra'iθ]
schors (de)	corteza (f)	[kor'teθa]
mos (het)	musgo (m)	['musgo]

ontwortelen (een boom)	extirpar (vt)	[estir'par]
kappen (een boom ~)	talar (vt)	[ta'lˈar]
ontbossen (ww)	deforestar (vt)	[defores'tar]
stronk (de)	tocón (m)	[to'kon]

kampvuur (het)	hoguera (f)	[o'gera]
bosbrand (de)	incendio (m) forestal	[in'θendjo fores'talˈ]
blussen (ww)	apagar (vt)	[apa'gar]
boswachter (de)	guarda (m) forestal	[gu'arða fores'talˈ]

bescherming (de)	protección (f)	[protek'θjon]
beschermen	proteger (vt)	[prote'χer]
(bijv. de natuur ~)		
stroper (de)	cazador (m) furtivo	[kaθa'ðor fur'tiβo]
val (de)	cepo (m)	['θepo]

| plukken (vruchten, enz.) | recoger (vt) | [reko'χer] |
| verdwalen (de weg kwijt zijn) | perderse (vr) | [per'ðerse] |

171. Natuurlijke hulpbronnen

natuurlijke rijkdommen (mv.)	recursos (m pl) naturales	[re'kursos natu'rales]
delfstoffen (mv.)	recursos (m pl) subterráneos	[re'kursos suβte'raneos]
lagen (mv.)	depósitos (m pl)	[de'positos]
veld (bijv. olie~)	yacimiento (m)	[jaθi'mjento]

winnen (uit erts ~)	extraer (vt)	[ekstra'er]
winning (de)	extracción (f)	[ekstrak'θjon]
erts (het)	mena (f)	['mena]
mijn (bijv. kolenmijn)	mina (f)	['mina]
mijnschacht (de)	pozo (m) de mina	['poθo de 'mina]
mijnwerker (de)	minero (m)	[mi'nero]

| gas (het) | gas (m) | [gas] |
| gasleiding (de) | gasoducto (m) | [gaso'ðukto] |

olie (aardolie)	petróleo (m)	[pe'troleo]
olieleiding (de)	oleoducto (m)	[oleo'ðukto]
oliebron (de)	pozo (m) de petróleo	['poθo de pe'troleo]
boortoren (de)	torre (f) de sondeo	['tore de son'deo]
tanker (de)	petrolero (m)	[petro'lero]

zand (het)	arena (f)	[a'rena]
kalksteen (de)	caliza (f)	[ka'liθa]
grind (het)	grava (f)	['graβa]
veen (het)	turba (f)	['turβa]
klei (de)	arcilla (f)	[ar'θija]
steenkool (de)	carbón (m)	[kar'βon]

ijzer (het)	hierro (m)	['jero]
goud (het)	oro (m)	['oro]
zilver (het)	plata (f)	['plʲata]
nikkel (het)	níquel (m)	['nikelʲ]
koper (het)	cobre (m)	['koβre]

zink (het)	zinc (m)	[θiŋk]
mangaan (het)	manganeso (m)	[manga'neso]
kwik (het)	mercurio (m)	[mer'kurio]
lood (het)	plomo (m)	['plʲomo]

mineraal (het)	mineral (m)	[mine'ralʲ]
kristal (het)	cristal (m)	[kris'talʲ]
marmer (het)	mármol (m)	['marmolʲ]
uraan (het)	uranio (m)	[u'ranio]

De Aarde. Deel 2

172. Weer

weer (het)	tiempo (m)	['tjempo]
weersvoorspelling (de)	previsión (f) del tiempo	[preβi'sjon delʲ 'tjempo]
temperatuur (de)	temperatura (f)	[tempera'tura]
thermometer (de)	termómetro (m)	[ter'mometro]
barometer (de)	barómetro (m)	[ba'rometro]
vochtig (bn)	húmedo (adj)	['umeðo]
vochtigheid (de)	humedad (f)	[ume'ðað]
hitte (de)	bochorno (m)	[bo'ʧorno]
heet (bn)	tórrido (adj)	['toriðo]
het is heet	hace mucho calor	['aθe 'muʧo ka'lʲor]
het is warm	hace calor	['aθe ka'lʲor]
warm (bn)	templado (adj)	[tem'plʲaðo]
het is koud	hace frío	['aθe 'frio]
koud (bn)	frío (adj)	['frio]
zon (de)	sol (m)	[solʲ]
schijnen (de zon)	brillar (vi)	[bri'jar]
zonnig (~e dag)	soleado (adj)	[sole'aðo]
opgaan (ov. de zon)	elevarse (vr)	[ele'βarse]
ondergaan (ww)	ponerse (vr)	[po'nerse]
wolk (de)	nube (f)	['nuβe]
bewolkt (bn)	nuboso (adj)	[nu'βoso]
regenwolk (de)	nubarrón (m)	[nuβa'ron]
somber (bn)	nublado (adj)	[nu'βlʲaðo]
regen (de)	lluvia (f)	['juβia]
het regent	está lloviendo	[es'ta jo'βjendo]
regenachtig (bn)	lluvioso (adj)	[juβi'oso]
motregenen (ww)	llovíznar (vi)	[joβiθ'nar]
plensbui (de)	aguacero (m)	[agua'θero]
stortbui (de)	chaparrón (m)	[ʧapa'ron]
hard (bn)	fuerte (adj)	[fu'erte]
plas (de)	charco (m)	['ʧarko]
nat worden (ww)	mojarse (vr)	[mo'xarse]
mist (de)	niebla (f)	['njeβlʲa]
mistig (bn)	nebuloso (adj)	[neβu'lʲoso]
sneeuw (de)	nieve (f)	['njeβe]
het sneeuwt	está nevando	[es'ta ne'βando]

173. Zwaar weer. Natuurrampen

noodweer (storm)	tormenta (f)	[tor'menta]
bliksem (de)	relámpago (m)	[re'ⁱampago]
flitsen (ww)	relampaguear (vi)	[reⁱampage'ar]
donder (de)	trueno (m)	[tru'eno]
donderen (ww)	tronar (vi)	[tro'nar]
het dondert	está tronando	[es'ta tro'nando]
hagel (de)	granizo (m)	[gra'niθo]
het hagelt	está granizando	[es'ta grani'θando]
overstromen (ww)	inundar (vt)	[inun'dar]
overstroming (de)	inundación (f)	[inunda'θjon]
aardbeving (de)	terremoto (m)	[tere'moto]
aardschok (de)	sacudida (f)	[saku'ðiða]
epicentrum (het)	epicentro (m)	[epi'θentro]
uitbarsting (de)	erupción (f)	[erup'θjon]
lava (de)	lava (f)	['ⁱaβa]
wervelwind (de)	torbellino (m)	[torβe'jino]
windhoos (de)	tornado (m)	[tor'naðo]
tyfoon (de)	tifón (m)	[ti'fon]
orkaan (de)	huracán (m)	[ura'kan]
storm (de)	tempestad (f)	[tempes'tað]
tsunami (de)	tsunami (m)	[tsu'nami]
cycloon (de)	ciclón (m)	[θik'ⁱon]
onweer (het)	mal tiempo (m)	[malⁱ 'tjempo]
brand (de)	incendio (m)	[in'θendio]
ramp (de)	catástrofe (f)	[ka'tastrofe]
meteoriet (de)	meteorito (m)	[meteo'rito]
lawine (de)	avalancha (f)	[aβa'ⁱantʃa]
sneeuwverschuiving (de)	alud (m) de nieve	[alⁱuð de 'njeβe]
sneeuwjacht (de)	ventisca (f)	[ben'tiska]
sneeuwstorm (de)	nevasca (f)	[ne'βaska]

Fauna

roofdier (het)	carnívoro (m)	[kar'niβoro]
tijger (de)	tigre (m)	['tiɣre]
leeuw (de)	león (m)	[le'on]
wolf (de)	lobo (m)	['lʲoβo]
vos (de)	zorro (m)	['θoro]
jaguar (de)	jaguar (m)	[χagu'ar]
luipaard (de)	leopardo (m)	[leo'parðo]
jachtluipaard (de)	guepardo (m)	[ge'parðo]
panter (de)	pantera (f)	[pan'tera]
poema (de)	puma (f)	['puma]
sneeuwluipaard (de)	leopardo (m) de las nieves	[leo'parðo de lʲas 'njeβes]
lynx (de)	lince (m)	['linθe]
coyote (de)	coyote (m)	[ko'jote]
jakhals (de)	chacal (m)	[ʧa'kalʲ]
hyena (de)	hiena (f)	['jena]

dier (het)	animal (m)	[ani'malʲ]
beest (het)	bestia (f)	['bestia]
eekhoorn (de)	ardilla (f)	[ar'ðija]
egel (de)	erizo (m)	[e'riθo]
haas (de)	liebre (f)	['ljeβre]
konijn (het)	conejo (m)	[ko'neχo]
das (de)	tejón (m)	[te'χon]
wasbeer (de)	mapache (m)	[ma'paʧe]
hamster (de)	hámster (m)	['χamster]
marmot (de)	marmota (f)	[mar'mota]
mol (de)	topo (m)	['topo]
muis (de)	ratón (m)	[ra'ton]
rat (de)	rata (f)	['rata]
vleermuis (de)	murciélago (m)	[mur'θjelʲago]
hermelijn (de)	armiño (m)	[ar'minjo]
sabeldier (het)	cebellina (f)	[θeβe'jina]
marter (de)	marta (f)	['marta]
wezel (de)	comadreja (f)	[koma'ðreχa]
nerts (de)	visón (m)	[bi'son]

| bever (de) | castor (m) | [kas'tor] |
| otter (de) | nutria (f) | ['nutria] |

paard (het)	caballo (m)	[ka'βajo]
eland (de)	alce (m)	['alʲθe]
hert (het)	ciervo (m)	['θjerβo]
kameel (de)	camello (m)	[ka'mejo]

bizon (de)	bisonte (m)	[bi'sonte]
wisent (de)	uro (m)	['uro]
buffel (de)	búfalo (m)	['bufalʲo]

zebra (de)	cebra (f)	['θeβra]
antilope (de)	antílope (m)	[an'tilʲope]
ree (de)	corzo (m)	['korθo]
damhert (het)	gamo (m)	['gamo]
gems (de)	gamuza (f)	[ga'muθa]
everzwijn (het)	jabalí (m)	[χaβa'li]

walvis (de)	ballena (f)	[ba'jena]
rob (de)	foca (f)	['foka]
walrus (de)	morsa (f)	['morsa]
zeebeer (de)	oso (m) marino	['oso ma'rino]
dolfijn (de)	delfín (m)	[delʲ'fin]

beer (de)	oso (m)	['oso]
ijsbeer (de)	oso (m) blanco	['oso 'blʲaŋko]
panda (de)	panda (f)	['panda]

aap (de)	mono (m)	['mono]
chimpansee (de)	chimpancé (m)	[ʧimpan'se]
orang-oetan (de)	orangután (m)	[orangu'tan]
gorilla (de)	gorila (m)	[go'rilja]
makaak (de)	macaco (m)	[ma'kako]
gibbon (de)	gibón (m)	[χi'βon]

olifant (de)	elefante (m)	[ele'fante]
neushoorn (de)	rinoceronte (m)	[rinoθe'ronte]
giraffe (de)	jirafa (f)	[χi'rafa]
nijlpaard (het)	hipopótamo (m)	[ipo'potamo]

| kangoeroe (de) | canguro (m) | [kan'guro] |
| koala (de) | koala (f) | [ko'alʲa] |

mangoest (de)	mangosta (f)	[man'gosta]
chinchilla (de)	chinchilla (f)	[ʧin'ʧija]
stinkdier (het)	mofeta (f)	[mo'feta]
stekelvarken (het)	espín (m)	[es'pin]

176. Huisdieren

poes (de)	gata (f)	['gata]
kater (de)	gato (m)	['gato]
hond (de)	perro (m)	['pero]

paard (het)	caballo (m)	[ka'βajo]
hengst (de)	garañón (m)	[gara'njon]
merrie (de)	yegua (f)	['jegua]

koe (de)	vaca (f)	['baka]
bul, stier (de)	toro (m)	['toro]
os (de)	buey (m)	[bu'ej]

schaap (het)	oveja (f)	[o'βeχa]
ram (de)	carnero (m)	[kar'nero]
geit (de)	cabra (f)	['kaβra]
bok (de)	cabrón (m)	[ka'βron]

| ezel (de) | asno (m) | ['asno] |
| muilezel (de) | mulo (m) | ['mulʲo] |

varken (het)	cerdo (m)	['θerðo]
biggetje (het)	cerdito (m)	[θer'ðito]
konijn (het)	conejo (m)	[ko'neχo]

| kip (de) | gallina (f) | [ga'jina] |
| haan (de) | gallo (m) | ['gajo] |

eend (de)	pato (m)	['pato]
woerd (de)	ánade (m)	['anaðe]
gans (de)	ganso (m)	['ganso]

| kalkoen haan (de) | pavo (m) | ['paβo] |
| kalkoen (de) | pava (f) | ['paβa] |

huisdieren (mv.)	animales (m pl) domésticos	[ani'males do'mestikos]
tam (bijv. hamster)	domesticado (adj)	[domesti'kaðo]
temmen (tam maken)	domesticar (vt)	[domesti'kar]
fokken (bijv. paarden ~)	criar (vt)	[kri'ar]

boerderij (de)	granja (f)	['granχa]
gevogelte (het)	aves (f pl) de corral	['aβes de ko'ralʲ]
rundvee (het)	ganado (m)	[ga'njaðo]
kudde (de)	rebaño (m)	[re'βanjo]

paardenstal (de)	caballeriza (f)	[kaβaje'riθa]
zwijnenstal (de)	porqueriza (f)	[porke'riθa]
koeienstal (de)	vaquería (f)	[bake'ria]
konijnenhok (het)	conejal (m)	[kone'χalʲ]
kippenhok (het)	gallinero (m)	[gaji'nero]

177. Honden. Hondenrassen

hond (de)	perro (m)	['pero]
herdershond (de)	perro (m) pastor	['pero pas'tor]
Duitse herdershond (de)	pastor (m) alemán	[pas'tor ale'man]
poedel (de)	caniche (m)	[ka'nitʃe]
teckel (de)	teckel (m)	['tekelʲ]
buldog (de)	bulldog (m)	[bulʲ'ðog]

boxer (de)	bóxer (m)	['bokser]
mastiff (de)	mastín (m) inglés	[mas'tin in'gles]
rottweiler (de)	rottweiler (m)	[rot'bajler]
doberman (de)	doberman (m)	['doβerman]

basset (de)	basset hound (m)	['baset 'χaund]
bobtail (de)	bobtail (m)	[boβ'tajlʲ]
dalmatiër (de)	dálmata (m)	['dalʲmata]
cockerspaniël (de)	cocker spaniel (m)	['koker spa'njelʲ]

| Newfoundlander (de) | terranova (m) | [tera'noβa] |
| sint-bernard (de) | san bernardo (m) | [san ber'narðo] |

husky (de)	husky (m)	['χaski]
chowchow (de)	chow chow (m)	['tʃow 'tʃow]
spits (de)	pomerania (m)	[pome'rania]
mopshond (de)	pug (m), carlino (m)	[pug], [kar'lino]

178. Dierengeluiden

geblaf (het)	ladrido (m)	[lʲa'ðriðo]
blaffen (ww)	ladrar (vi)	[lʲa'ðrar]
miauwen (ww)	maullar (vi)	[mau'jar]
spinnen (katten)	ronronear (vi)	[ronrone'ar]

loeien (ov. een koe)	mugir (vi)	[mu'χir]
brullen (stier)	bramar (vi)	[bra'mar]
grommen (ov. de honden)	rugir (vi)	[ru'χir]

gehuil (het)	aullido (m)	[au'jiðo]
huilen (wolf, enz.)	aullar (vi)	[au'jar]
janken (ov. een hond)	gañir (vi)	[ga'njir]

mekkeren (schapen)	balar (vi)	[ba'lʲar]
knorren (varkens)	gruñir (vi)	[gru'njir]
gillen (bijv. varken)	chillar (vi)	[tʃi'jar]

kwaken (kikvorsen)	croar (vi)	[kro'ar]
zoemen (hommel, enz.)	zumbar (vi)	[θum'bar]
tjirpen (sprinkhanen)	chirriar (vi)	[tʃi'rjar]

179. Vogels

vogel (de)	pájaro (m)	['paχaro]
duif (de)	paloma (f)	[pa'lʲoma]
mus (de)	gorrión (m)	[gori'jon]
koolmees (de)	carbonero (m)	[karβo'nero]
ekster (de)	urraca (f)	[u'raka]

raaf (de)	cuervo (m)	[ku'erβo]
kraai (de)	corneja (f)	[kor'neχa]
kauw (de)	chova (f)	['tʃoβa]

roek (de)	grajo (m)	['graχo]
eend (de)	pato (m)	['pato]
gans (de)	ganso (m)	['ganso]
fazant (de)	faisán (m)	[faj'san]
arend (de)	águila (f)	['agiⁱa]
havik (de)	azor (m)	[a'θor]
valk (de)	halcón (m)	[alʲ'kon]
gier (de)	buitre (m)	[bu'itre]
condor (de)	cóndor (m)	['kondor]
zwaan (de)	cisne (m)	['θisne]
kraanvogel (de)	grulla (f)	['gruja]
ooievaar (de)	cigüeña (f)	[θiɣu'enja]
papegaai (de)	loro (m), papagayo (m)	['lʲoro], [papa'gajo]
kolibrie (de)	colibrí (m)	[koli'βri]
pauw (de)	pavo (m) real	['paβo re'alʲ]
struisvogel (de)	avestruz (m)	[aβes'truθ]
reiger (de)	garza (f)	['garθa]
flamingo (de)	flamenco (m)	[flʲa'meŋko]
pelikaan (de)	pelícano (m)	[pe'likano]
nachtegaal (de)	ruiseñor (m)	[ruise'njor]
zwaluw (de)	golondrina (f)	[golʲon'drina]
lijster (de)	tordo (m)	['torðo]
zanglijster (de)	zorzal (m)	[θor'θalʲ]
merel (de)	mirlo (m)	['mirlʲo]
gierzwaluw (de)	vencejo (m)	[ben'θeχo]
leeuwerik (de)	alondra (f)	[a'lʲondra]
kwartel (de)	codorniz (f)	[koðor'niθ]
specht (de)	pájaro carpintero (m)	['paχaro karpin'tero]
koekoek (de)	cuco (m)	['kuko]
uil (de)	lechuza (f)	[le'ʧuθa]
oehoe (de)	búho (m)	['buo]
auerhoen (het)	urogallo (m)	[uro'gajo]
korhoen (het)	gallo lira (m)	['gajo 'lira]
patrijs (de)	perdiz (f)	[per'ðiθ]
spreeuw (de)	estornino (m)	[estor'nino]
kanarie (de)	canario (m)	[ka'nario]
hazelhoen (het)	ortega (f)	[or'tega]
vink (de)	pinzón (m)	[pin'θon]
goudvink (de)	camachuelo (m)	[kamaʧu'elʲo]
meeuw (de)	gaviota (f)	[ga'βjota]
albatros (de)	albatros (m)	[alʲ'βatros]
pinguïn (de)	pingüino (m)	[pingu'ino]

180. Vogels. Zingen en geluiden

fluiten, zingen (ww)	cantar (vi)	[kan'tar]
schreeuwen (dieren, vogels)	gritar, llamar (vi)	[gri'tar], [ja'mar]
kraaien (ov. een haan)	cantar (vi)	[kan'tar]
kukeleku	quiquiriquí (m)	[kikiri'ki]
klokken (hen)	cloquear (vi)	[klʲoke'ar]
krassen (kraai)	graznar (vi)	[graθ'nar]
kwaken (eend)	graznar, parpar (vi)	[graθ'nar], [par'par]
piepen (kuiken)	piar (vi)	[pjar]
tjilpen (bijv. een mus)	gorjear (vi)	[gorχe'ar]

181. Vis. Zeedieren

brasem (de)	brema (f)	['brema]
karper (de)	carpa (f)	['karpa]
baars (de)	perca (f)	['perka]
meerval (de)	siluro (m)	[si'lʲuro]
snoek (de)	lucio (m)	['lʲuθio]
zalm (de)	salmón (m)	[salʲ'mon]
steur (de)	esturión (m)	[estu'rjon]
haring (de)	arenque (m)	[a'reŋke]
atlantische zalm (de)	salmón (m) del Atlántico	[salʲ'mon delʲ at'lʲantiko]
makreel (de)	caballa (f)	[ka'βaja]
platvis (de)	lenguado (m)	[lengu'aðo]
snoekbaars (de)	lucioperca (f)	[lʲuθjo'perka]
kabeljauw (de)	bacalao (m)	[baka'lʲao]
tonijn (de)	atún (m)	[a'tun]
forel (de)	trucha (f)	['truʧa]
paling (de)	anguila (f)	[an'gilʲa]
sidderrog (de)	raya (f) eléctrica	['raja e'lektrika]
murene (de)	morena (f)	[mo'rena]
piranha (de)	piraña (f)	[pi'ranja]
haai (de)	tiburón (m)	[tiβu'ron]
dolfijn (de)	delfín (m)	[delʲ'fin]
walvis (de)	ballena (f)	[ba'jena]
krab (de)	centolla (f)	[θen'toja]
kwal (de)	medusa (f)	[me'ðusa]
octopus (de)	pulpo (m)	['pulʲpo]
zeester (de)	estrella (f) de mar	[es'treja de mar]
zee-egel (de)	erizo (m) de mar	[e'riθo de mar]
zeepaardje (het)	caballito (m) de mar	[kaβa'jito de mar]
oester (de)	ostra (f)	['ostra]
garnaal (de)	camarón (m)	[kama'ron]

| kreeft (de) | bogavante (m) | [boga'βante] |
| langoest (de) | langosta (f) | [lʲan'gosta] |

182. Amfibieën. Reptielen

| slang (de) | serpiente (f) | [ser'pjente] |
| giftig (slang) | venenoso (adj) | [bene'noso] |

adder (de)	víbora (f)	['biβora]
cobra (de)	cobra (f)	['koβra]
python (de)	pitón (m)	[pi'ton]
boa (de)	boa (f)	['boa]

ringslang (de)	culebra (f)	[ku'leβra]
ratelslang (de)	serpiente (m) de cascabel	[ser'pjente de kaska'βelʲ]
anaconda (de)	anaconda (f)	[ana'konda]

hagedis (de)	lagarto (m)	[lʲa'garto]
leguaan (de)	iguana (f)	[igu'ana]
varaan (de)	varano (m)	[ba'rano]
salamander (de)	salamandra (f)	[salʲa'mandra]
kameleon (de)	camaleón (m)	[kamale'on]
schorpioen (de)	escorpión (m)	[eskorpi'on]

schildpad (de)	tortuga (f)	[tor'tuga]
kikker (de)	rana (f)	['rana]
pad (de)	sapo (m)	['sapo]
krokodil (de)	cocodrilo (m)	[koko'ðrilʲo]

183. Insecten

insect (het)	insecto (m)	[in'sekto]
vlinder (de)	mariposa (f)	[mari'posa]
mier (de)	hormiga (f)	[or'miga]
vlieg (de)	mosca (f)	['moska]
mug (de)	mosquito (m)	[mos'kito]
kever (de)	escarabajo (m)	[eskara'βaχo]

wesp (de)	avispa (f)	[a'βispa]
bij (de)	abeja (f)	[a'βeχa]
hommel (de)	abejorro (m)	[aβe'χoro]
horzel (de)	moscardón (m)	[moskar'ðon]

| spin (de) | araña (f) | [a'ranja] |
| spinnenweb (het) | telaraña (f) | [telʲa'ranja] |

libel (de)	libélula (f)	[li'βelʲulʲa]
sprinkhaan (de)	saltamontes (m)	[salʲta'montes]
nachtvlinder (de)	mariposa (f) nocturna	[mari'posa nok'turna]

| kakkerlak (de) | cucaracha (f) | [kuka'ratʃa] |
| teek (de) | garrapata (f) | [gara'pata] |

| vlo (de) | pulga (f) | ['pulʲga] |
| kriebelmug (de) | mosca (f) negra | ['moska 'neɣra] |

treksprinkhaan (de)	langosta (f)	[lʲan'gosta]
slak (de)	caracol (m)	[kara'kolʲ]
krekel (de)	grillo (m)	['grijo]
glimworm (de)	luciérnaga (f)	[lʲu'θjernaga]
lieveheersbeestje (het)	mariquita (f)	[mari'kita]
meikever (de)	sanjuanero (m)	[sanχwa'nero]

bloedzuiger (de)	sanguijuela (f)	[sangiχu'elʲa]
rups (de)	oruga (f)	[o'ruga]
aardworm (de)	lombriz (m) de tierra	[lom'briθ de 'tjera]
larve (de)	larva (f)	['lʲarβa]

184. Dieren. Lichaamsdelen

snavel (de)	pico (m)	['piko]
vleugels (mv.)	alas (f pl)	['alʲas]
poot (ov. een vogel)	pata (f)	['pata]
verenkleed (het)	plumaje (m)	[plʲu'maχe]
veer (de)	pluma (f)	['plʲuma]
kuifje (het)	penacho (m)	[pe'natʃo]

kieuwen (mv.)	branquias (f pl)	['braŋkjas]
kuit, dril (de)	huevas (f pl)	[u'eβas]
larve (de)	larva (f)	['lʲarβa]
vin (de)	aleta (f)	[a'leta]
schubben (mv.)	escamas (f pl)	[es'kamas]

slagtand (de)	colmillo (m)	[kolʲ'mijo]
poot (bijv. ~ van een kat)	garra (f), pata (f)	['gara], ['pata]
muil (de)	hocico (m)	[o'θiko]
bek (mond van dieren)	boca (f)	['boka]
staart (de)	cola (f)	['kolʲa]
snorharen (mv.)	bigotes (m pl)	[bi'gotes]

| hoef (de) | casco (m) | ['kasko] |
| hoorn (de) | cuerno (m) | [ku'erno] |

schild (schildpad, enz.)	caparazón (m)	[kapara'θon]
schelp (de)	concha (f)	['kontʃa]
eierschaal (de)	cáscara (f)	['kaskara]

| vacht (de) | pelo (m) | ['pelʲo] |
| huid (de) | piel (f) | [pjelʲ] |

185. Dieren. Leefomgevingen

leefgebied (het)	hábitat (m)	['aβitat]
migratie (de)	migración (f)	[miɣra'θjon]
berg (de)	montaña (f)	[mon'tanja]

| rif (het) | arrecife (m) | [are'θife] |
| klip (de) | roca (f) | ['roka] |

bos (het)	bosque (m)	['boske]
jungle (de)	jungla (f)	['xunglʲa]
savanne (de)	sabana (f)	[sa'βana]
toendra (de)	tundra (f)	['tundra]

steppe (de)	estepa (f)	[es'tepa]
woestijn (de)	desierto (m)	[de'sjerto]
oase (de)	oasis (m)	[o'asis]

zee (de)	mar (m)	[mar]
meer (het)	lago (m)	['lʲago]
oceaan (de)	océano (m)	[o'θeano]

moeras (het)	pantano (m)	[pan'tano]
zoetwater- (abn)	de agua dulce (adj)	[de 'agua 'dulʲθe]
vijver (de)	estanque (m)	[es'taŋke]
rivier (de)	río (m)	['rio]

berenhol (het)	cubil (m)	[ku'βilʲ]
nest (het)	nido (m)	['niðo]
boom holte (de)	agujero (m)	[agu'xero]
hol (het)	madriguera (f)	[maðri'gera]
mierenhoop (de)	hormiguero (m)	[ormi'gero]

Flora

boom (de)	árbol (m)	['arβol']
loof- (abn)	foliáceo (adj)	[foli'aθeo]
dennen- (abn)	conífero (adj)	[ko'nifero]
groenblijvend (bn)	de hoja perenne	[de 'oχa pe'renne]

appelboom (de)	manzano (m)	[man'θano]
perenboom (de)	peral (m)	[pe'ral']
zoete kers (de)	cerezo (m)	[θe'reθo]
zure kers (de)	guindo (m)	['gindo]
pruimelaar (de)	ciruelo (m)	[θiru'el'o]

berk (de)	abedul (m)	[aβe'ðul']
eik (de)	roble (m)	['roβle]
linde (de)	tilo (m)	['til'o]
esp (de)	pobo (m)	['poβo]
esdoorn (de)	arce (m)	['arθe]
spar (de)	pícea (f)	['piθea]
den (de)	pino (m)	['pino]
lariks (de)	alerce (m)	[a'lerθe]
zilverspar (de)	abeto (m)	[a'βeto]
ceder (de)	cedro (m)	['θeðro]

populier (de)	álamo (m)	['al'amo]
lijsterbes (de)	serbal (m)	[ser'βal']
wilg (de)	sauce (m)	['sauθe]
els (de)	aliso (m)	[a'liso]
beuk (de)	haya (f)	['aja]
iep (de)	olmo (m)	['ol'mo]
es (de)	fresno (m)	['fresno]
kastanje (de)	castaño (m)	[kas'tanjo]

magnolia (de)	magnolia (f)	[maɣ'nolia]
palm (de)	palmera (f)	[pal'mera]
cipres (de)	ciprés (m)	[θi'pres]

mangrove (de)	mangle (m)	['mangl]
baobab (apenbroodboom)	baobab (m)	[bao'βaβ]
eucalyptus (de)	eucalipto (m)	[euka'lipto]
mammoetboom (de)	secoya (f)	[se'koja]

| struik (de) | mata (f) | ['mata] |
| heester (de) | arbusto (m) | [ar'βusto] |

| wijnstok (de) | vid (f) | [bið] |
| wijngaard (de) | viñedo (m) | [bi'njeðo] |

frambozenstruik (de)	frambueso (m)	[frambu'eso]
zwarte bes (de)	grosellero (m) negro	[grose'jero 'neɣro]
rode bessenstruik (de)	grosellero (m) rojo	[grose'jero 'roχo]
kruisbessenstruik (de)	grosellero (m) espinoso	[grose'jero espi'noso]

acacia (de)	acacia (f)	[a'kaθia]
zuurbes (de)	berberís (m)	[berβe'ris]
jasmijn (de)	jazmín (m)	[χaθ'min]

jeneverbes (de)	enebro (m)	[e'neβro]
rozenstruik (de)	rosal (m)	[ro'salʲ]
hondsroos (de)	escaramujo (m)	[eskara'muχo]

188. Champignons

paddenstoel (de)	seta (f)	['seta]
eetbare paddenstoel (de)	seta (f) comestible	['seta komes'tiβle]
giftige paddenstoel (de)	seta (f) venenosa	['seta bene'nosa]
hoed (de)	sombrerete (m)	[sombre'rete]
steel (de)	estipe (m)	[es'tipe]

eekhoorntjesbrood (het)	seta calabaza (f)	['seta kalʲa'βaθa]
rosse populierboleet (de)	boleto (m) castaño	[bo'leto kas'tanjo]
berkenboleet (de)	boleto (m) áspero	[bo'leto 'aspero]
cantharel (de)	rebozuelo (m)	[reβoθu'elʲo]
russula (de)	rúsula (f)	['rusulʲa]

morielje (de)	colmenilla (f)	[kolʲme'nija]
vliegenzwam (de)	matamoscas (m)	[mata'moskas]
groene knolamaniet (de)	oronja (f) verde	[o'ronχa 'berðe]

189. Vruchten. Bessen

vrucht (de)	fruto (m)	['fruto]
vruchten (mv.)	frutos (m pl)	['frutos]
appel (de)	manzana (f)	[man'θana]
peer (de)	pera (f)	['pera]
pruim (de)	ciruela (f)	[θiru'elʲa]

aardbei (de)	fresa (f)	['fresa]
zure kers (de)	guinda (f)	['ginda]
zoete kers (de)	cereza (f)	[θe're θa]
druif (de)	uva (f)	['uβa]

framboos (de)	frambuesa (f)	[frambu'esa]
zwarte bes (de)	grosella (f) negra	[gro'seja 'neɣra]
rode bes (de)	grosella (f) roja	[gro'seja 'roχa]
kruisbes (de)	grosella (f) espinosa	[gro'seja espi'nosa]
veenbes (de)	arándano (m) agrio	[a'randano 'aɣrio]

sinaasappel (de)	naranja (f)	[na'ranχa]
mandarijn (de)	mandarina (f)	[manda'rina]
ananas (de)	piña (f)	['pinja]
banaan (de)	banana (f)	[ba'nana]
dadel (de)	dátil (m)	['datilʲ]

citroen (de)	limón (m)	[li'mon]
abrikoos (de)	albaricoque (m)	[alʲβari'koke]
perzik (de)	melocotón (m)	[melʲoko'ton]
kiwi (de)	kiwi (m)	['kiwi]
grapefruit (de)	toronja (f)	[to'ronχa]

bes (de)	baya (f)	['baja]
bessen (mv.)	bayas (f pl)	['bajas]
vossenbes (de)	arándano (m) rojo	[a'randano 'roχo]
bosaardbei (de)	fresa (f) silvestre	['fresa silʲ'βestre]
blauwe bosbes (de)	arándano (m)	[a'randano]

190. Bloemen. Planten

bloem (de)	flor (f)	[flʲor]
boeket (het)	ramo (m) de flores	['ramo de 'flʲores]

roos (de)	rosa (f)	['rosa]
tulp (de)	tulipán (m)	[tuli'pan]
anjer (de)	clavel (m)	[klʲa'βelʲ]
gladiool (de)	gladiolo (m)	[glʲa'ðjolʲo]

korenbloem (de)	aciano (m)	[a'θjano]
klokje (het)	campanilla (f)	[kampa'nija]
paardenbloem (de)	diente (m) de león	['djente de le'on]
kamille (de)	manzanilla (f)	[manθa'nija]

aloë (de)	áloe (m)	['alʲoe]
cactus (de)	cacto (m)	['kakto]
ficus (de)	ficus (m)	['fikus]

lelie (de)	azucena (f)	[aθu'sena]
geranium (de)	geranio (m)	[χe'ranio]
hyacint (de)	jacinto (m)	[χa'θinto]

mimosa (de)	mimosa (f)	[mi'mosa]
narcis (de)	narciso (m)	[nar'θiso]
Oost-Indische kers (de)	capuchina (f)	[kapu'ʧina]

orchidee (de)	orquídea (f)	[or'kiðea]
pioenroos (de)	peonía (f)	[peo'nia]
viooltje (het)	violeta (f)	[bio'leta]

driekleurig viooltje (het)	trinitaria (f)	[trini'taria]
vergeet-mij-nietje (het)	nomeolvides (f)	[nomeolʲ'βiðes]
madeliefje (het)	margarita (f)	[marga'rita]
papaver (de)	amapola (f)	[ama'polʲa]
hennep (de)	cáñamo (m)	['kaɲamo]

munt (de)	menta (f)	['menta]
lelietje-van-dalen (het)	muguete (m)	[mu'gete]
sneeuwklokje (het)	campanilla (f) de las nieves	[kampa'nija de lʲas 'njeβes]

brandnetel (de)	ortiga (f)	[or'tiga]
veldzuring (de)	acedera (f)	[aθe'ðera]
waterlelie (de)	nenúfar (m)	[ne'nufar]
varen (de)	helecho (m)	[e'letʃo]
korstmos (het)	liquen (m)	['liken]

oranjerie (de)	invernadero (m)	[imberna'ðero]
gazon (het)	césped (m)	['θespeð]
bloemperk (het)	macizo (m) de flores	[ma'θiθo de 'flʲores]

plant (de)	planta (f)	['plʲanta]
gras (het)	hierba (f)	['jerβa]
grasspriet (de)	hoja (f) de hierba	['oχa de 'jerβa]

blad (het)	hoja (f)	['oχa]
bloemblad (het)	pétalo (m)	['petalʲo]
stengel (de)	tallo (m)	['tajo]
knol (de)	tubérculo (m)	[tu'βerkulʲo]

scheut (de)	retoño (m)	[re'tonjo]
doorn (de)	espina (f)	[es'pina]

bloeien (ww)	florecer (vi)	[flʲore'θer]
verwelken (ww)	marchitarse (vr)	[martʃi'tarse]
geur (de)	olor (m)	[o'lʲor]
snijden (bijv. bloemen ~)	cortar (vt)	[kor'tar]
plukken (bloemen ~)	coger (vt)	[ko'χer]

191. Granen, graankorrels

graan (het)	grano (m)	['grano]
graangewassen (mv.)	cereales (m pl)	[θere'ales]
aar (de)	espiga (f)	[es'piga]

tarwe (de)	trigo (m)	['trigo]
rogge (de)	centeno (m)	[θen'teno]
haver (de)	avena (f)	[a'βena]

gierst (de)	mijo (m)	['miχo]
gerst (de)	cebada (f)	[θe'βaða]

maïs (de)	maíz (m)	[ma'iθ]
rijst (de)	arroz (m)	[a'roθ]
boekweit (de)	alforfón (m)	[alʲfor'fon]

erwt (de)	guisante (m)	[gi'sante]
nierboon (de)	fréjol (m)	['freχolʲ]
soja (de)	soya (f)	['soja]
linze (de)	lenteja (f)	[len'teχa]
bonen (mv.)	habas (f pl)	['aβas]

REGIONALE AARDRIJKSKUNDE

politiek (de)	**política** (f)	[po'litika]
politiek (bn)	**político** (adj)	[po'litiko]
politicus (de)	**político** (m)	[po'litiko]
staat (land)	**estado** (m)	[es'taðo]
burger (de)	**ciudadano** (m)	[θjuða'ðano]
staatsburgerschap (het)	**ciudadanía** (f)	[θjuðaða'nia]
nationaal wapen (het)	**escudo** (m) **nacional**	[es'kuðo naθjo'nalʲ]
volkslied (het)	**himno** (m) **nacional**	['imno naθjo'nalʲ]
regering (de)	**gobierno** (m)	[go'βjerno]
staatshoofd (het)	**jefe** (m) **de estado**	['χefe de es'taðo]
parlement (het)	**parlamento** (m)	[parlʲa'mento]
partij (de)	**partido** (m)	[par'tiðo]
kapitalisme (het)	**capitalismo** (m)	[kapita'lismo]
kapitalistisch (bn)	**capitalista** (adj)	[kapita'lista]
socialisme (het)	**socialismo** (m)	[soθja'lismo]
socialistisch (bn)	**socialista** (adj)	[soθja'lista]
communisme (het)	**comunismo** (m)	[komu'nismo]
communistisch (bn)	**comunista** (adj)	[komu'nista]
communist (de)	**comunista** (m)	[komu'nista]
democratie (de)	**democracia** (f)	[demo'kraθia]
democraat (de)	**demócrata** (m)	[de'mokrata]
democratisch (bn)	**democrático** (adj)	[demo'kratiko]
democratische partij (de)	**Partido** (m) **Democrático**	[par'tiðo demo'kratiko]
liberaal (de)	**liberal** (m)	[liβe'ralʲ]
liberaal (bn)	**liberal** (adj)	[liβe'ralʲ]
conservator (de)	**conservador** (m)	[konserβa'ðor]
conservatief (bn)	**conservador** (adj)	[konserβa'ðor]
republiek (de)	**república** (f)	[re'puβlika]
republikein (de)	**republicano** (m)	[repuβli'kano]
Republikeinse Partij (de)	**Partido** (m) **Republicano**	[par'tiðo repuβli'kano]
verkiezing (de)	**elecciones** (f pl)	[elek'θjones]
kiezen (ww)	**elegir** (vi)	[ele'χir]
kiezer (de)	**elector** (m)	[elek'tor]
verkiezingscampagne (de)	**campaña** (f) **electoral**	[kam'panja elekto'ralʲ]
stemming (de)	**votación** (f)	[bota'θjon]

| stemmen (ww) | votar (vi) | [bo'tar] |
| stemrecht (het) | derecho (m) a voto | [de'retʃo a 'boto] |

kandidaat (de)	candidato (m)	[kandi'ðato]
zich kandideren	presentarse como candidato	[presen'tarse 'komo kandi'ðato]
campagne (de)	campaña (f)	[kam'panja]

| oppositie- (abn) | de oposición (adj) | [de oposi'θjon] |
| oppositie (de) | oposición (f) | [oposi'θjon] |

bezoek (het)	visita (f)	[bi'sita]
officieel bezoek (het)	visita (f) oficial	[bi'sita ofi'θjalʲ]
internationaal (bn)	internacional (adj)	[internaθjo'nalʲ]

| onderhandelingen (mv.) | negociaciones (f pl) | [negoθja'θjones] |
| onderhandelen (ww) | negociar (vi) | [nego'θjar] |

193. Politiek. Overheid. Deel 2

maatschappij (de)	sociedad (f)	[soθje'ðað]
grondwet (de)	constitución (f)	[konstitu'θjon]
macht (politieke ~)	poder (m)	[po'ðer]
corruptie (de)	corrupción (f)	[korup'θjon]

| wet (de) | ley (f) | [lej] |
| wettelijk (bn) | legal (adj) | [le'galʲ] |

| rechtvaardigheid (de) | justicia (f) | [χus'tiθia] |
| rechtvaardig (bn) | justo (adj) | ['χusto] |

comité (het)	comité (m)	[komi'te]
wetsvoorstel (het)	proyecto (m) de ley	[pro'jekto de 'lej]
begroting (de)	presupuesto (m)	[presupu'esto]
beleid (het)	política (f)	[po'litika]
hervorming (de)	reforma (f)	[re'forma]
radicaal (bn)	radical (adj)	[raði'kalʲ]

macht (vermogen)	potencia (f)	[po'tensia]
machtig (bn)	poderoso (adj)	[poðe'roso]
aanhanger (de)	partidario (m)	[parti'ðario]
invloed (de)	influencia (f)	[imɸlʲu'enθia]

regime (het)	régimen (m)	['reχimen]
conflict (het)	conflicto (m)	[kom'flikto]
samenzwering (de)	complot (m)	[kom'plʲot]
provocatie (de)	provocación (f)	[proβoka'θjon]

omverwerpen (ww)	derrocar (vt)	[dero'kar]
omverwerping (de)	derrocamiento (m)	[deroka'mjento]
revolutie (de)	revolución (f)	[reβolʲu'θjon]

| staatsgreep (de) | golpe (m) de estado | ['golʲpe de es'taðo] |
| militaire coup (de) | golpe (m) militar | ['golʲpe mili'tar] |

crisis (de)	crisis (f)	['krisis]
economische recessie (de)	recesión (f) económica	[rese'θjon eko'nomika]
betoger (de)	manifestante (m)	[manifes'tante]
betoging (de)	manifestación (f)	[manifesta'θjon]
krijgswet (de)	ley (f) marcial	['lej mar'θjalʲ]
militaire basis (de)	base (f) militar	['base mili'tar]

| stabiliteit (de) | estabilidad (f) | [estaβili'ðað] |
| stabiel (bn) | estable (adj) | [es'taβle] |

| uitbuiting (de) | explotación (f) | [eksplʲota'θjon] |
| uitbuiten (ww) | explotar (vt) | [eksplʲo'tar] |

racisme (het)	racismo (m)	[ra'θismo]
racist (de)	racista (m)	[ra'θista]
fascisme (het)	fascismo (m)	[fa'θismo]
fascist (de)	fascista (m)	[fa'θista]

194. Landen. Diversen

vreemdeling (de)	extranjero (m)	[ekstran'χero]
buitenlands (bn)	extranjero (adj)	[ekstran'χero]
in het buitenland (bw)	en el extranjero	[en elʲ ekstran'χero]

emigrant (de)	emigrante (m)	[emi'ɣrante]
emigratie (de)	emigración (f)	[emiɣra'θjon]
emigreren (ww)	emigrar (vi)	[emi'ɣrar]

Westen (het)	Oeste (m)	[o'este]
Oosten (het)	Oriente (m)	[o'rjente]
Verre Oosten (het)	Extremo Oriente (m)	[eks'tremo o'rjente]

beschaving (de)	civilización (f)	[θiβiliθa'θjon]
mensheid (de)	humanidad (f)	[umani'ðað]
wereld (de)	mundo (m)	['mundo]
vrede (de)	paz (f)	[paθ]
wereld- (abn)	mundial (adj)	[mun'djalʲ]

vaderland (het)	patria (f)	['patria]
volk (het)	pueblo (m)	[pu'eβlʲo]
bevolking (de)	población (f)	[poβlʲa'θjon]
mensen (mv.)	gente (f)	['χente]
natie (de)	nación (f)	[na'θjon]
generatie (de)	generación (f)	[χenera'θjon]

gebied (bijv. bezette ~en)	territorio (m)	[teri'torio]
regio, streek (de)	región (f)	[re'χjon]
deelstaat (de)	estado (m)	[es'taðo]

traditie (de)	tradición (f)	[traði'θjon]
gewoonte (de)	costumbre (f)	[kos'tumbre]
ecologie (de)	ecología (f)	[ekolʲo'χia]
Indiaan (de)	indio (m)	['indio]
zigeuner (de)	gitano (m)	[χi'tano]

zigeunerin (de)	gitana (f)	[xi'tana]
zigeuner- (abn)	gitano (adj)	[xi'tano]

rijk (het)	imperio (m)	[im'perio]
kolonie (de)	colonia (f)	[ko'lʲonia]
slavernij (de)	esclavitud (f)	[esklʲaβi'tuð]
invasie (de)	invasión (f)	[imba'sjon]
hongersnood (de)	hambruna (f)	[am'bruna]

195. Grote religieuze groepen. Bekentenissen

religie (de)	religión (f)	[reli'xjon]
religieus (bn)	religioso (adj)	[reli'xjoso]

geloof (het)	creencia (f)	[kre'enθia]
geloven (ww)	creer (vi)	[kre'er]
gelovige (de)	creyente (m)	[kre'jente]

atheïsme (het)	ateísmo (m)	[ate'ismo]
atheïst (de)	ateo (m)	[a'teo]

christendom (het)	cristianismo (m)	[kristja'nismo]
christen (de)	cristiano (m)	[kris'tjano]
christelijk (bn)	cristiano (adj)	[kris'tjano]

katholicisme (het)	catolicismo (m)	[katoli'θismo]
katholiek (de)	católico (m)	[ka'toliko]
katholiek (bn)	católico (adj)	[ka'toliko]

protestantisme (het)	protestantismo (m)	[protestan'tismo]
Protestante Kerk (de)	Iglesia (f) protestante	[i'ɣlesia protes'tante]
protestant (de)	protestante (m)	[protes'tante]

orthodoxie (de)	ortodoxia (f)	[orto'ðoksia]
Orthodoxe Kerk (de)	Iglesia (f) ortodoxa	[i'ɣlesia orto'ðoksa]
orthodox	ortodoxo (m)	[orto'ðokso]

presbyterianisme (het)	presbiterianismo (m)	[presβiterja'nismo]
Presbyteriaanse Kerk (de)	Iglesia (f) presbiteriana	[i'ɣlesia presβite'rjana]
presbyteriaan (de)	presbiteriano (m)	[presβite'rjano]

lutheranisme (het)	Iglesia (f) luterana	[i'ɣlesia lʲute'rana]
lutheraan (de)	luterano (m)	[lʲute'rano]

baptisme (het)	Iglesia (f) bautista	[i'ɣlesia bau'tista]
baptist (de)	bautista (m)	[bau'tista]

Anglicaanse Kerk (de)	Iglesia (f) anglicana	[i'ɣlesia angli'kana]
anglicaan (de)	anglicano (m)	[angli'kano]
mormonisme (het)	mormonismo (m)	[mormo'nismo]
mormoon (de)	mormón (m)	[mor'mon]
Jodendom (het)	judaísmo (m)	[xuða'ismo]
jood (aanhanger van het Jodendom)	judío (m)	[xu'ðio]

| boeddhisme (het) | budismo (m) | [bu'ðismo] |
| boeddhist (de) | budista (m) | [bu'ðista] |

| hindoeïsme (het) | hinduismo (m) | [indu'ismo] |
| hindoe (de) | hinduista (m) | [indu'ista] |

islam (de)	Islam (m)	[is'lʲam]
islamiet (de)	musulmán (m)	[musulʲ'man]
islamitisch (bn)	musulmán (adj)	[musulʲ'man]

| sjiisme (het) | chiísmo (m) | [tʃi'ismo] |
| sjiiet (de) | chií (m), chiita (m) | [tʃi'i], [tʃi'ita] |

| soennisme (het) | sunismo (m) | [su'nismo] |
| soenniet (de) | suní (m, f) | [su'ni] |

196. Religies. Priesters

| priester (de) | sacerdote (m) | [saθer'ðote] |
| paus (de) | Papa (m) | ['papa] |

monnik (de)	monje (m)	['monχe]
non (de)	monja (f)	['monχa]
pastoor (de)	pastor (m)	[pas'tor]

abt (de)	abad (m)	[a'βað]
vicaris (de)	vicario (m)	[bi'kario]
bisschop (de)	obispo (m)	[o'βispo]
kardinaal (de)	cardenal (m)	[karðe'nalʲ]

predikant (de)	predicador (m)	[preðika'ðor]
preek (de)	prédica (f)	['preðika]
kerkgangers (mv.)	parroquianos (pl)	[paro'kjanos]

| gelovige (de) | creyente (m) | [kre'jente] |
| atheïst (de) | ateo (m) | [a'teo] |

197. Geloof. Christendom. Islam

| Adam | Adán | [a'ðan] |
| Eva | Eva | ['eβa] |

God (de)	Dios (m)	['djos]
Heer (de)	Señor (m)	[se'njor]
Almachtige (de)	el Todopoderoso	[elʲ toðopoðe'roso]

zonde (de)	pecado (m)	[pe'kaðo]
zondigen (ww)	pecar (vi)	[pe'kar]
zondaar (de)	pecador (m)	[peka'ðor]
zondares (de)	pecadora (f)	[peka'ðora]
hel (de)	infierno (m)	[imˈfjerno]
paradijs (het)	paraíso (m)	[para'iso]

181

| Jezus | Jesús (m) | [χe'sus] |
| Jezus Christus | Jesucristo (m) | [χesu·'kristo] |

Heilige Geest (de)	el Espíritu Santo	[elʲ es'piritu 'santo]
Verlosser (de)	el Salvador	[elʲ salʲβa'ðor]
Maagd Maria (de)	la Virgen María	[lʲa 'birχen ma'ria]

duivel (de)	el Diablo	[elʲ 'djaβlʲo]
duivels (bn)	diabólico (adj)	[dja'βoliko]
Satan	Satán (m)	[sa'tan]
satanisch (bn)	satánico (adj)	[sa'taniko]

engel (de)	ángel (m)	['anχelʲ]
beschermengel (de)	ángel (m) custodio	['anχelʲ kus'toðio]
engelachtig (bn)	angelical (adj)	[anχeli'kalʲ]

apostel (de)	apóstol (m)	[a'postolʲ]
aartsengel (de)	arcángel (m)	[ar'kanχelʲ]
antichrist (de)	anticristo (m)	[anti'kristo]

Kerk (de)	Iglesia (f)	[i'ɣlesia]
bijbel (de)	Biblia (f)	['biβlia]
bijbels (bn)	bíblico (adj)	['biβliko]

Oude Testament (het)	Antiguo Testamento (m)	[an'tiguo testa'mento]
Nieuwe Testament (het)	Nuevo Testamento (m)	[nu'eβo testa'mento]
evangelie (het)	Evangelio (m)	[eβan'χelio]
Heilige Schrift (de)	Sagrada Escritura (f)	[sa'ɣraða eskri'tura]
Hemel, Hemelrijk (de)	cielo (m)	['θjelʲo]

gebod (het)	mandamiento (m)	[manda'mjento]
profeet (de)	profeta (m)	[pro'feta]
profetie (de)	profecía (f)	[profe'sia]

Allah	Alá	[a'lʲa]
Mohammed	Mahoma	[ma'oma]
Koran (de)	Corán, Korán (m)	[ko'ran]

moskee (de)	mezquita (f)	[meθ'kita]
moellah (de)	mulá (m), mullah (m)	[mu'lʲa]
gebed (het)	oración (f)	[ora'θjon]
bidden (ww)	orar, rezar (vi)	[o'rar], [re'θar]

pelgrimstocht (de)	peregrinación (f)	[pereɣrina'θjon]
pelgrim (de)	peregrino (m)	[pere'ɣrino]
Mekka	La Meca	[lʲa 'meka]

kerk (de)	iglesia (f)	[i'ɣlesia]
tempel (de)	templo (m)	['templʲo]
kathedraal (de)	catedral (f)	[kate'ðralʲ]
gotisch (bn)	gótico (adj)	['gotiko]
synagoge (de)	sinagoga (f)	[sina'goga]
moskee (de)	mezquita (f)	[meθ'kita]

| kapel (de) | capilla (f) | [ka'pija] |
| abdij (de) | abadía (f) | [aβa'ðia] |

nonnenklooster (het)	convento (m)	[kom'bento]
mannenklooster (het)	monasterio (m)	[monas'terio]
klok (de)	campana (f)	[kam'pana]
klokkentoren (de)	campanario (m)	[kampa'nario]
luiden (klokken)	sonar (vi)	[so'nar]
kruis (het)	cruz (f)	[kruθ]
koepel (de)	cúpula (f)	['kupu!ʲa]
icoon (de)	icono (m)	[i'kono]
ziel (de)	alma (f)	['alʲma]
lot, noodlot (het)	destino (m)	[des'tino]
kwaad (het)	maldad (f)	[malʲ'dað]
goed (het)	bien (m)	[bjen]
vampier (de)	vampiro (m)	[bam'piro]
heks (de)	bruja (f)	['bruxa]
demoon (de)	demonio (m)	[de'monio]
geest (de)	espíritu (m)	[es'piritu]
verzoeningsleer (de)	redención (f)	[reðen'θjon]
vrijkopen (ww)	redimir (vt)	[reði'mir]
mis (de)	culto (m), misa (f)	['kulʲto], ['misa]
de mis opdragen	decir misa	[de'θir 'misa]
biecht (de)	confesión (f)	[komfe'sjon]
biechten (ww)	confesarse (vr)	[komfe'sarse]
heilige (de)	santo (m)	['santo]
heilig (bn)	sagrado (adj)	[sa'ɣraðo]
wijwater (het)	agua (f) santa	['agua 'santa]
ritueel (het)	rito (m)	['rito]
ritueel (bn)	ritual (adj)	[ritu'alʲ]
offerande (de)	sacrificio (m)	[sakri'fiθio]
bijgeloof (het)	superstición (f)	[supersti'θjon]
bijgelovig (bn)	supersticioso (adj)	[supersti'θjoso]
hiernamaals (het)	vida (f) de ultratumba	['biða de ulʲtra·'tumba]
eeuwige leven (het)	vida (f) eterna	['biða e'terna]

DIVERSEN

achtergrond (de)	fondo (m)	['fondo]
balans (de)	balance (m)	[ba'lʲanθe]
basis (de)	base (f)	['base]
begin (het)	principio (m)	[prin'θipio]
beurt (wie is aan de ~?)	turno (m)	['turno]
categorie (de)	categoría (f)	[katego'ria]
comfortabel (~ bed, enz.)	confortable (adj)	[koɱfor'taβle]
compensatie (de)	compensación (f)	[kompensa'θjon]
deel (gedeelte)	parte (f)	['parte]
deeltje (het)	partícula (f)	[par'tikulʲa]
ding (object, voorwerp)	cosa (f)	['kosa]
dringend (bn, urgent)	urgente (adj)	[ur'χente]
dringend (bw, met spoed)	urgentemente	[urχente'mente]
effect (het)	efecto (m)	[e'fekto]
eigenschap (kwaliteit)	propiedad (f)	[propje'ðað]
einde (het)	fin (m)	[fin]
element (het)	elemento (m)	[ele'mento]
feit (het)	hecho (m)	['etʃo]
fout (de)	error (m)	[e'ror]
geheim (het)	secreto (m)	[se'kreto]
graad (mate)	grado (m)	['graðo]
groei (ontwikkeling)	crecimiento (m)	[kreθi'mjento]
hindernis (de)	barrera (f)	[ba'rera]
hinderpaal (de)	obstáculo (m)	[oβs'takulʲo]
hulp (de)	ayuda (f)	[a'juða]
ideaal (het)	ideal (m)	[iðe'alʲ]
inspanning (de)	esfuerzo (m)	[esfu'erθo]
keuze (een grote ~)	variedad (f)	[barje'ðað]
labyrint (het)	laberinto (m)	[lʲaβe'rinto]
manier (de)	modo (m)	['moðo]
moment (het)	momento (m)	[mo'mento]
nut (bruikbaarheid)	utilidad (f)	[utili'ðað]
onderscheid (het)	diferencia (f)	[dife'renθia]
ontwikkeling (de)	desarrollo (m)	[desa'rojo]
oplossing (de)	solución (f)	[solʲu'θjon]
origineel (het)	original (m)	[oriχi'nalʲ]
pauze (de)	pausa (f)	['pausa]
positie (de)	posición (f)	[posi'θjon]
principe (het)	principio (m)	[prin'θipio]

probleem (het)	problema (m)	[pro'βlema]
proces (het)	proceso (m)	[pro'θeso]
reactie (de)	reacción (f)	[reak'θjon]
reden (om ~ van)	causa (f)	['kausa]
risico (het)	riesgo (m)	['rjesgo]
samenvallen (het)	coincidencia (f)	[koinθi'ðenθia]
serie (de)	serie (f)	['serie]
situatie (de)	situación (f)	[situa'θjon]
soort (bijv. ~ sport)	tipo (m)	['tipo]
standaard (bn)	estándar (adj)	[es'tandar]
standaard (de)	estándar (m)	[es'tandar]
stijl (de)	estilo (m)	[es'tiljo]
stop (korte onderbreking)	alto (m)	['aljto]
systeem (het)	sistema (m)	[sis'tema]
tabel (bijv. ~ van Mendelejev)	tabla (f)	['taβlja]
tempo (langzaam ~)	tempo (m)	['tempo]
term (medische ~en)	término (m)	['termino]
type (soort)	tipo (m)	['tipo]
variant (de)	variante (f)	[ba'rjante]
veelvuldig (bn)	frecuente (adj)	[freku'ente]
vergelijking (de)	comparación (f)	[kompara'θjon]
voorbeeld (het goede ~)	ejemplo (m)	[e'xempljo]
voortgang (de)	progreso (m)	[pro'ɣreso]
voorwerp (ding)	objeto (m)	[oβ'xeto]
vorm (uiterlijke ~)	forma (f)	['forma]
waarheid (de)	verdad (f)	[ber'ðað]
zone (de)	zona (f)	['θona]